Serge Latouche

Professeur émérite d'économie
à l'université d'Orsay, objecteur de croissance

Bon pour la casse

Les déraisons de l'obsolescence programmée

ÉDITIONS LES LIENS QUI LIBÈRENT

À la mémoire de mon ami, Giles Slade, à qui ce livre doit tant, et qui est mort inopinément avant sa publication.

ISBN : 979-10-209-0014-7

L'obsolescence planifiée ou perçue est l'un des pires ravages de la société de gaspillage et mine à la fois les droits et les intérêts légitimes des personnes, en tant que consommateurs et citoyens.

Tim JACKSON [1]

1. Tim Jackson, *Prospérité sans croissance. La transition vers une économie durable*, Bruxelles, De Boeck, 2010, p. 182.

Avant-propos

Comme tout étudiant économiste, j'avais entendu parler en cours du phénomène de l'obsolescence technique, c'est-à-dire de la perte de valeur des équipements du fait de l'apparition de nouveaux modèles plus performants. Mais j'ignorais tout de l'obsolescence *planifiée*, c'est-à-dire de l'introduction à dessein d'une défaillance dans les appareils, et de l'obsolescence *symbolique*, ou déclassement prématuré des objets par la publicité et la mode. Pourtant, l'ouvrage classique de Vance Packard sur le sujet, *L'Art du gaspillage*, avait été traduit et publié en France dès 1962[1]. J'ai eu connaissance de ces deux phénomènes bien après la fin de mes études, grâce à la lecture de journaux ou de livres, en particulier ceux consacrés à la critique du capitalisme contemporain et de la société de consommation. Avec son ouvrage à succès sur la

1. Vance Packard, *L'Art du gaspillage*, Paris, Calmann-Lévy, 1962 (titre original : *The Waste Makers*). Dans la suite de l'ouvrage, cette référence sera notée V.P.

société d'abondance (*The Affluent Society*, 1958 [1]), John Kenneth Galbraith, professeur à Harvard, introduisit la controverse sur l'obsolescence programmée dans le monde académique états-unien, d'où elle commença petit à petit à pénétrer l'intelligentsia européenne.

Tout naturellement, ces expressions sont entrées dans la rhétorique de la mise en question de la société de croissance pour dénoncer les impasses du développement, et plus récemment dans l'argumentaire de la décroissance. Toutefois, quand Cosima Dannoritzer a pris contact avec moi et m'a dit avoir le projet de faire un film sur le sujet, j'ai tout de suite émis des réserves, tant sur la consistance du thème que sur ma compétence pour en parler. L'obsolescence programmée constituait à mes yeux une raison parmi d'autres, mais pas la plus importante, de condamner ou de rejeter la société de consommation et le système productiviste. En outre, les petits films documentaires qu'elle avait réalisés sur la collecte des déchets à Barcelone, et qu'elle me montra lors de notre première rencontre, ne me convainquirent pas non plus qu'elle tenait là un sujet susceptible d'intéresser et d'émouvoir le grand public. Il fallut toute sa persévérance et sa force de persuasion pour me décider à participer à son projet et à y faire entrer la décroissance. Les quelques brèves séquences du film dans lesquelles j'apparais ne

1. Traduit en français sous le titre *L'Ère de l'opulence*, Paris, Calmann-Lévy, 1961.

rendent pas compte des nombreuses heures que nous avons passées ensemble – à Barcelone à deux ou trois reprises, à Sienne où j'étais professeur invité et où elle m'a poursuivi avec son photographe, à Prades, enfin, dans une conférence publique et dans une villa privée qu'elle a envahie avec toute l'équipe de production.

Je dois avouer que je fus agréablement surpris par le résultat, ce film qu'elle avait fini par construire à partir d'une énorme accumulation de rushes. Je pensai immédiatement qu'il fallait l'accompagner d'un livre qui en reprendrait la trame d'une façon plus littéraire. Je proposai à Madame Dannoritzer d'y travailler ensemble. Il se trouve qu'elle y songeait aussi de son côté, peut-être en reprenant les interviews complètes des différents participants au documentaire, mais elle était trop absorbée par les tournées de présentation et le succès du film. L'affaire est donc restée en suspens.

Entre-temps, Giles Slade, dont l'ouvrage *Made to Break*[1] constitue la principale base théorique du scénario, prit contact avec moi. Il eut la gentillesse de m'envoyer un exemplaire de son livre, et je me dis d'emblée qu'il fallait le faire traduire en français. Pourquoi, en effet, écrire un nouveau livre sur l'obsolescence programmée quand il en existait déjà un très bien documenté ? Au fil de nos échanges de courriers électroniques, Giles Slade et moi devinrent des amis et

1. Giles Slade, *Made to Break. Technology and Obsolescence in America*, Cambridge, Harvard University Press, 2006. Dans la suite de l'ouvrage, cette référence sera notée G.S.

des complices. Chemin faisant, j'accumulai des notes sur le sujet dans l'idée d'écrire une préface ou une introduction étoffée à la traduction de son ouvrage, et peut-être, ensuite, un opuscule synthétique recadrant la thématique dans l'optique de la décroissance. Après plusieurs tentatives infructueuses auprès des éditeurs avec lesquels je travaille, je dus renoncer provisoirement à voir paraître cette traduction et inverser l'ordre des parutions projeté. Mais je garde espoir que l'intérêt suscité par la question rendra nécessaire un jour de l'approfondir en revenant aux sources. Plusieurs autres intervenants du film m'ont aussi fait découvrir certains aspects particuliers du phénomène : on retrouvera leurs noms au fil des pages. Toutefois, sans le livre de Giles Slade et le film de Cosima Dannoritzer (*Prêt à jeter/The Light Bulb Conspiracy*[1]), le texte qui suit n'aurait jamais vu le jour ; c'est dire à quel point je leur suis redevable. Il est donc juste qu'ils se partagent l'hommage rendu à ses mérites éventuels, tandis que je reste seul responsable de ses imperfections[2].

1. Le film a été diffusé sur Arte à plusieurs reprises et a notamment donné lieu à une soirée thématique.

2. Je ne peux que reconnaître ma dette à l'égard de nombreux autres auteurs, bien qu'il me soit impossible d'en dresser une liste exhaustive. Je remercie également tout particulièrement mes ami(e)s Christian Araud, Sophie Catala, Didier Harpages, Bernard Legros, Gilbert Rist et Michaël Singleton pour avoir pris la peine de lire une première version de mon travail et m'avoir fait bénéficier de leurs remarques et suggestions judicieuses.

INTRODUCTION

L'addiction à la croissance

Voilà quelque temps, mon ordinateur, qui me donnait jusque-là entière satisfaction, se bloque sans que je réussisse à le remettre en marche. Je vais chez le vendeur et réparateur qui m'avait déjà dépanné lors d'incidents antérieurs. Après examen, il diagnostique la mort du disque dur et ajoute que, vu l'âge de la « bécane », ce n'est pas étonnant, puisque le disque en question est conçu pour avoir une durée de vie de trois ans.

La même chose se produit avec les objets les plus inattendus. Ainsi, un jour, une branche de ma monture de lunettes lâche. L'opticien à l'ancienne que j'ai la chance d'avoir tout près de chez moi me propose d'adapter une branche comparable qu'il déniche dans son stock, ce qui me va très bien. Seulement, la semaine suivante, c'est la deuxième branche qui lâche. De retour chez l'opticien, je m'étonne : y a-t-il un truc ? Il m'avoue : « Vous ne le saviez pas ? Ce type de lunettes est prévu pour durer deux ans. » Nous avons tous connu des expériences comparables, qui avec sa machine à laver, qui avec son poste de télévision. Nous avons donc tous été confrontés, fût-ce sans le savoir, au phénomène de l'obsolescence programmée.

Le point de départ de l'obsolescence programmée, c'est l'addiction de notre système productif à la croissance. Notre société a lié son destin à une organisation fondée sur l'accumulation illimitée. Que nous le voulions ou non, nous sommes condamnés à produire et consommer toujours plus. Dès que la croissance ralentit ou s'arrête, c'est la crise, voire la panique. Cette nécessité fait de la croissance un « corset de fer[1] », selon l'expression célèbre de Max Weber. L'emploi, le paiement des retraites, le renouvellement des dépenses publiques (éducation, sécurité, justice, culture, transports, santé, etc.) supposent l'augmentation constante du produit intérieur brut (PIB), considéré à tort par la plupart des commentateurs comme le baromètre de notre bien-être, sinon de notre bonheur. Produire plus implique nécessairement de consommer plus. Nous vivons donc dans des sociétés de croissance.

La société de consommation en est l'aboutissement. La société de croissance peut être définie comme une société dominée par une économie de croissance et qui tend à s'y laisser absorber. La croissance pour la

1. « Corset de fer » me paraît rendre plus exactement l'expression allemande *stahlhartes Gehäuse* que « cage de fer », que l'on trouve couramment dans les traductions françaises.

croissance devient ainsi l'objectif primordial, voire unique, de l'économie et de la vie. Il ne s'agit pas de croître pour satisfaire des besoins reconnus, ce qui serait une bonne chose, mais de croître pour croître. Faire croître indéfiniment la production, donc la consommation, et pour cela susciter de nouveaux besoins à l'infini, mais aussi, au final – ce que l'on se garde bien de dire à une heure de grande écoute –, faire croître la pollution, les déchets et la destruction de l'écosystème planétaire : telle est la loi d'airain du système. « Ce système auto-entretenu contribue-t-il d'une manière ou d'une autre à la prospérité ? s'interroge Tim Jackson. N'existe-t-il pas un stade où "assez est assez", un point à partir duquel nous devrions arrêter de produire et de consommer autant ? De toute évidence, la dépendance structurelle du système à la croissance continue est l'un des facteurs qui empêchent un tel scénario de se développer. L'obligation de vendre plus de biens, d'innover en permanence, d'encourager un niveau toujours plus élevé de demande de consommation est alimentée par la recherche de la croissance. Mais cet impératif est désormais tellement puissant qu'il semble saper les intérêts de ceux qu'il est censé servir [1]. »

Dès ses débuts, la société de croissance s'est heurtée au problème des débouchés. Elle ne peut engendrer des profits en comprimant la consommation ouvrière

1. Tim Jackson, *Prospérité sans croissance, op. cit.*, p. 104.

qu'à la condition de trouver des acheteurs pour une production excédentaire. Périodiquement (tous les dix ans environ), l'industrie connaît une grave crise de surproduction. Sigismonde de Sismondi est l'un des premiers à avoir dénoncé et analysé ce phénomène[1]. Il se convertit au socialisme, à ses yeux la seule solution capable à long terme d'éliminer le phénomène de la sous-consommation ouvrière chronique et de l'engorgement périodique des marchés. L'économie capitaliste s'en sort tant bien que mal en choisissant une autre voie, dont il montre les limites : l'expansion du système et l'ouverture des marchés extérieurs pour l'exportation de l'excédent. Dans une économie productiviste à bas salaires, l'augmentation de la production n'est pas tant tirée par la demande intérieure que par celle des pays étrangers, dont il s'agit de conquérir les marchés, fût-ce à coups de canon. On rencontre là une tendance récurrente dans l'histoire du capitalisme moderne, qui ressurgit aujourd'hui avec les politiques de rigueur et d'austérité.

Dans cette grande compétition, certaines économies, comme l'Allemagne, réussissent à tirer leur épingle du jeu, mais pour l'ensemble du monde cette voie mène à une impasse, car les exportations des uns sont nécessairement les importations des autres. C'est

1. Jean Charles Léonard Simonde de Sismondi, *Nouveaux principes d'économie politique, ou De la richesse dans ses rapports avec la population* [1819], 2 tomes, Genève-Paris, Éditions Jeheber, 1951.

un jeu à somme nulle. Dire que tous doivent exporter pour que l'économie fonctionne est plus absurde encore que de dire que tous doivent s'endetter… Au fur et à mesure que la production augmente et que le capitalisme se généralise sur la planète, la consommation devient donc un impératif incontournable. La production en série, tout particulièrement, a besoin de la consommation de masse pour s'écouler. Toutefois, si la croissance de la productivité condamne à consommer toujours plus, elle menace aussi toujours plus l'emploi. Comme la réduction du temps de travail, qui serait la solution de bon sens pour pallier la trop grande efficacité des machines, ne fait pas l'affaire des capitalistes, elle ne peut avoir lieu que si elle est imposée par les syndicats et l'État. Toujours susceptible d'être remise en cause, elle est devenue pratiquement impossible avec la mondialisation et le libre-échange. Les délocalisations massives vers les pays à très bas salaires, la généralisation de la précarité et du chômage ont tellement accru la concurrence entre les travailleurs des pays occidentaux qu'ils deviennent spontanément des adeptes du « travailler plus ». Pis encore, ils acceptent simultanément de gagner moins. Dans ces conditions, le seul antidote au chômage permanent, c'est encore plus de croissance pour écouler la production, et plus d'endettement. À la fin, le cercle vertueux devient un cycle infernal… Pour le travailleur, la vie « se réduit le plus souvent à celle d'un biodigesteur qui métabolise le salaire avec les marchandises et les marchandises avec le salaire, transitant de l'usine à l'hypermarché et de l'hypermarché à l'usine[1] », sous la menace permanente du chômage.

Du côté des capitalistes, les choses sont contrastées. Les uns, en général les plus gros, se reconvertissent dans la finance et s'efforcent de s'enrichir en spéculant sur les marchés ; les autres, de plus en plus stressés, voient leurs profits fondre avec la baisse du prix des produits, engendrée par leur abondance et par la concurrence exacerbée pour les vendre. Aussi a-t-on assisté début 2012, en particulier en Italie du Nord, à une véritable épidémie de suicides chez les patrons de petites et moyennes entreprises, qui n'arrivent plus à s'en sortir.

Quant à la nature, vers laquelle tous s'efforcent d'externaliser les coûts et la souffrance de la croissance, elle est exploitée, saccagée et détruite sans pitié. Jamais les individus n'ont atteint un tel degré de déréliction. L'industrie des « biens de consolation » tente en vain d'y remédier[2]. Ainsi sommes-nous devenus « toxicodépendants » à la croissance. Il ne s'agit d'ailleurs pas seulement d'une métaphore. La toxicodépendance est polymorphe. À la boulimie consommatrice des accros aux supermarchés et aux grands magasins répond le *workalcoholism*, l'addiction au travail des

1. Paolo Cacciari, *Pensare la decrescita. Sostenibilità ed equita*, Naples, Cantieri Carta/Edizioni Intra Moenia, 2006, p. 102.

2. Voir Bertrand Leclair, *L'Industrie de la consolation*, Genève, Verticales, 1998.

salariés, alimentée, le cas échéant, par la surconsommation d'antidépresseurs et même, selon des enquêtes britanniques, par la consommation de cocaïne chez les cadres supérieurs qui veulent être à la hauteur[1]. L'hyperconsommation de l'individu contemporain «turbo-consommateur» débouche sur un bonheur blessé ou paradoxal[2]. L'analyse managériale de l'addiction n'est pas moins terrifiante. Selon Andrew Grove, président d'Intel Corporation, «la peur de la concurrence, la peur de la faillite, la peur de se tromper, la peur de perdre peuvent être de puissantes motivations. Comment cultiver la peur de perdre chez nos employés? Nous ne pouvons le faire que si nous l'éprouvons nous-mêmes[3]». Sans entrer dans le détail de ces «maladies engendrées par l'homme», on ne peut que souscrire au diagnostic du professeur Belpomme : «La croissance est devenue le cancer de l'humanité[4].»

1. Nous, Français, détenons dans ce domaine un triste record : nous avons acheté en 2005 41 millions de boîtes d'antidépresseurs. Voir Pascal Canfin, *L'Économie verte expliquée à ceux qui n'y croient pas*, Paris, Les Petits Matins, 2006, p. 110.

2. Gilles Lipovetsky, *Le Bonheur paradoxal. Essai sur la société d'hyperconsommation*, Paris, Gallimard, 2006.

3. Andrew S. Grove, *Only the Paranoid Survive* [« Seuls les paranos survivent»], cité par Christian Laval, *L'Homme économique. Essai sur les racines du néo-libéralisme*, Paris, Gallimard, 2007, p. 450.

4. Dominique Belpomme, *Avant qu'il ne soit trop tard*, Paris, Fayard, 2007, p. 211.

Dans les années 1950, on demanda au président Eisenhower, lors d'une conférence de presse, ce que les citoyens devaient faire pour combattre la récession. Il répondit :

« Acheter !

– Mais quoi ?

– N'importe quoi [1] ! »

La consommation forcenée est ainsi devenue une nécessité absolue pour éviter la catastrophe de la crise et du chômage. « Un achat aujourd'hui, un chômeur de moins. Peut-être vous ! » proclame une publicité américaine. On en a fait à la radio et à la télé de Detroit une chanson à la mode :

Acheter !
C'est continuer à travailler.
Acheter !
C'est votre avenir assuré.
Achetez, achetez
Ce qu'aujourd'hui vous désirez[2].

Encore faut-il désirer ! Fort heureusement, le désir, à la différence des besoins, ne connaît pas la satiété. C'est qu'il porte sur un objet perdu et introuvable, selon les psychanalystes. À défaut de retrouver le « signifiant perdu », la pulsion libidinale se porte

1. Cité *in* V.P., p. 26.
2. *Ibid.*

sur des objets de substitution, comme le pouvoir, la richesse, le sexe ou l'amour – toutes choses dont la soif ne connaît pas de limites –, ou encore sur le rêve impossible d'immortalité. « L'animal humain est une bête qui meurt, et, s'il a de l'argent, il achète et achète et achète encore », dit Big Daddy dans *La Chatte sur un toit brûlant*, de Tennessee Williams (1955). « Et je pense que la raison pour laquelle il achète tout ce qu'il peut, commente Tim Jackson, c'est qu'au fond de sa tête il nourrit l'espoir insensé qu'un de ses achats durera pour toujours [1]. »

Les efforts de publicité consistent à présenter les produits de l'industrie comme des moyens d'acquérir les objets du désir ou leurs substituts. Le succès est incontestable, mais le résultat naturellement décevant, pour le consommateur comme pour le vendeur. En effet, on ne peut accumuler sans limite les voitures, les réfrigérateurs ou les machines à laver sans arriver à saturation. Pour maintenir la demande, il faut de toute nécessité que ces objets périssent, et même de plus en plus vite. Tel est le fondement de l'obsolescence programmée.

Dès 1950, Victor Lebow, un analyste du marché américain, avait compris la logique consumériste : « Notre économie, immensément productive, exige que nous fassions de la consommation notre style de vie [...]. Nous avons besoin que nos objets se consomment, se

1. Tim Jackson, *Prospérité sans croissance, op. cit.*, p. 187.

brûlent et soient remplacés et jetés à un taux en augmentation continue[1].» Il fallait inventer, en conclut Vance Packard, des tactiques commerciales qui transforment les Américains en consommateurs obligatoires, voraces et gaspilleurs, et fabriquer des articles qui permettent ce gaspillage[2].

C'est précisément ce que firent la publicité, le crédit à la consommation et l'obsolescence programmée. Ces trois ingrédients, en effet, sont nécessaires pour que la société de consommation puisse poursuivre sa ronde diabolique : la publicité crée le désir de consommer, le crédit en donne les moyens, l'obsolescence programmée en renouvelle la nécessité. Ces ressorts de la société de croissance constituent de véritables «pousse-au-crime» en ce qui concerne les écosystèmes et accélèrent leur destruction.

La publicité a pour mission de nous faire désirer ce que nous n'avons pas et mépriser ce dont nous jouissons déjà. Elle crée et recrée la tension du désir frustré. Les ténors de cette industrie se qualifient eux-mêmes fièrement de «marchands de

1. Rapport du Worldwatch Institute (*State of the World 2000*), cité par Piero Bevilacqua, *La terra è finita. Breve storia dell'ambiente*, Rome-Bari, Laterza, 2006, p. 80. «La seule solution pour un groupe comme le nôtre, déclarent les responsables de Procter & Gamble, est de lancer de nouveaux produits tous les ans», cité par Jean-Paul Besset, *Comment ne plus être progressiste… sans devenir réactionnaire*, Paris, Fayard, 2005, p. 144.

2. V.P., p. 36.

mécontentement[1]». «Je suis un publicitaire, déclare sans complexe Frédéric Beigbeder. Vous faire baver est ma mission. Dans mon métier, personne ne désire votre bonheur, parce que les gens heureux ne consomment pas[2].»

Toutefois, les publicitaires sont aussi des marchands de rêves. Ils sollicitent le désir parce que celui-ci est insatiable. Colin Campbell décrit ainsi le mystère de la consommation moderne : «Le trait le plus spécifique de la consommation moderne, sa caractéristique en tant qu'activité qui implique une poursuite apparemment sans fin de désirs, est son insatiabilité[3].» Cette sollicitation s'opère par les artifices les plus classiques, en particulier le sexe, afin de vendre des produits qui, à l'image des voitures, peuvent se révéler

1. *Ibid.*, p. 304. Selon un directeur de General Motors, «la clé de la prospérité économique consiste dans la création d'un sentiment d'insatisfaction». Cité par Paco Puche *in* Carlos Taibo (dir.), *Decrecimientos. Sobre lo que hay que cambiar en la vida cotidiana*, Madrid, Catarata, 2010, p. 194.

2. Frédéric Beigbeder, *99 francs*, Paris, Grasset, 2000, ici cité par Stefano Bartolini, *Manifesto per la félicita. Come passare dalla società del ben-avere a quella del ben-essere*, Rome, Donzelli, 2010, p. 4. «Nous ne pouvons nous développer qu'en société de surconsommation. Ce surplus est le nécessaire du système… Ce système fragile perdure seulement par le culte de l'envie», avoue Jacques Séguéla, publicitaire français, orfèvre en la matière, dans un livre au titre révélateur : *L'argent n'a pas d'idées, seules les idées font de l'argent* (Paris, Seuil, 1993).

3. G.S., p. 265.

techniquement efficaces pour satisfaire le besoin de déplacement, mais infiniment moins pour étancher la soif de puissance et calmer la libido – même si se promener en ville avec un 4×4 Cayenne turbo[1], la voiture préférée des caïds de banlieue, peut épater le gogo, et si une belle Alfa Romeo sport peut devenir un moyen de séduire des filles faciles... En conséquence, la demande se porte de moins en moins sur des biens de grande utilité, et de plus en plus sur des biens de haute futilité[2].

«Toute l'activité des marchands et des publicitaires, note l'économiste Bernard Maris, consiste à créer des besoins dans un monde qui croule sous les productions. Cela exige un taux de rotation et de consommation des produits de plus en plus rapide, donc une fabrication de déchets de plus en plus forte et une activité de traitement des déchets de plus en plus importante[3].» Mais, poursuit-il, «comment consommer tous ces objets qui s'offrent à nos yeux, tous ces pays à prix cassés? Plus la profusion s'étale,

1. Prix : 110 000,00 euros. Vitesse maximale : 275 km/h. Consommation urbaine : 22 litres au cent. Émission de CO_2 : 358 g/km.

2. Il y a des biens «*ad alta utilità*» (de grande utilité) et des biens «*ad alta futilità*» (de grande futilité), selon Paolo Cacciari, *Decrescita o barbarie*, Naples, Carta/edizioni Intra Moenia, 2008, p. 29.

3. Bernard Maris, *Antimanuel d'économie*, t. 2 : *Les cigales*, Paris, Bréal, 2006, p. 49.

plus le manque et la rareté s'exacerbent[1]». La réponse est dans une fuite en avant perpétuelle. «La publicité, lit-on dans le journal professionnel *Printer's Ink*, doit produire des consommateurs à la chaîne, de la même façon que les usines sortent des objets manufacturés[2].»

Un sondage réalisé auprès des présidents des plus grandes firmes états-uniennes a révélé que 90 % d'entre eux reconnaissent qu'il serait impossible de vendre un nouveau produit sans campagne publicitaire; 85 % déclarent que la publicité persuade «fréquemment» les gens d'acheter des choses pour lesquelles ils n'ont pas l'usage; et 51 % ajoutent même que la publicité persuade les gens d'acheter des choses qu'ils ne désirent pas vraiment[3]. Élément essentiel du cercle vicieux et suicidaire de la croissance sans limite, la publicité, qui constitue le deuxième budget mondial après l'armement, est incroyablement vorace : 300 milliards de dollars aux États-Unis en 2007, 15 milliards d'euros en France en 2003. En 2004, les entreprises françaises ont investi 31,2 milliards d'euros pour leur communication (soit 2 % du PIB et trois fois le déficit de la Sécu!). Au total, pour l'ensemble du globe, cela représente un montant colossal de plus de 1 000 milliards de dollars de dépenses annuelles. «Et que fait l'État publicitaire, le *Léviathan-pub*, avec son budget

1. *Ibid.*, p. 52.
2. Cité *in* V.P., p. 214.
3. André Gorz, *Capitalisme, socialisme, écologie*, Paris, Galilée, 1991, p. 170.

astronomique ? s'interroge Michael Löwy. Il nous abreuve, nous inonde de sa production. Il occupe les rues, les murs, les routes, les paysages, les airs et les montagnes. Il envahit les boîtes aux lettres, les chambres à coucher, les salles à manger. Il a mis sous sa coupe la presse, le cinéma, la télévision, la radio. Il a pollué le sport, la chanson, la politique, les arts. Il nous persécute, nous agresse, nous harcèle, du matin au soir, du lundi au dimanche, de janvier à décembre, du berceau à la tombe, sans pause, sans relâche, sans vacances, sans arrêt, sans trêve [1]. »

L'agression se déploie tous azimuts, la traque est permanente : pollution mentale et spirituelle, pollution visuelle, pollution sonore. Ce sont des émissions

1. Michael Löwy, *Écosocialisme. L'alternative radicale à la catastrophe écologique capitaliste*, Paris, Mille et une nuits, 2011, p. 145. Le système publicitaire non seulement « s'empare de la rue, envahit l'espace collectif – en le défigurant –, s'approprie tout ce qui a vocation publique, les routes, les villes, les moyens de transport, les gares, les stades, les plages, les fêtes », mais encore « il inonde la nuit comme il accapare le jour, il cannibalise Internet, il colonise les journaux, imposant leur dépendance financière et amenant certains d'entre eux à se réduire à de pitoyables supports. Avec la télévision, il possède son arme de destruction massive, instaurant la dictature de l'audimat sur le principal vecteur culturel de l'époque. Ce n'est pas assez. La publicité prend aussi d'assaut l'univers privé, les boîtes aux lettres, les messageries électroniques, les téléphones, les jeux vidéo, les radios de salle de bains. Et voilà maintenant qu'elle se saisit du téléphone arabe ». Jean-Paul Besset, *Comment ne plus être progressiste… sans devenir réactionnaire*, *op. cit.*, p. 251.

«saucissonnées», des enfants manipulés et perturbés (car les plus faibles sont les premiers visés), des forêts détruites (40 kg de papier chaque année dans nos boîtes aux lettres). Et, au final, les consommateurs paient l'addition, soit 500 euros par an et par personne. Les jeunes Français, à l'instar des jeunes États-Uniens, passent plus de temps devant les écrans que sur les bancs de l'école : ils occupent ces derniers vingt à trente heures par semaine pendant trente semaines par an, alors qu'ils consomment de la télé ou des jeux vidéo soixante à soixante-dix heures pendant cinquante-deux semaines. Le système publicitaire occupe la place abandonnée par les parents et que l'école ne remplit pas. Sponsorisées par les grandes marques qui paient les fournitures scolaires, certaines écoles états-uniennes offrent même, en compensation, des émissions télévisuelles et publicitaires dans l'enceinte de l'école. C'est l'histoire édifiante de Channel One, réseau de *soft news* destiné au lycée, racontée par Benjamin Barber : « [Ce réseau] a été développé par Whittle Communications qui offrait du matériel de télécommunication gratuit (uniquement en prêt ou en location) en échange d'un accès aux salles de classe des lycées, pour neuf minutes d'info-spectacle *soft* entrelardées de trois minutes de publicité pure et dure. Les écoles qui ont accepté ce pacte avec le diable (plus de 12 000 lycées regroupant 8 millions d'élèves dans la grande majorité des États américains) étaient pour l'essentiel des établissements pauvres des centres-villes, ceux qui pouvaient le moins se permettre de gaspiller de précieuses minutes de temps scolaire à écouter des publicités, ou de renforcer la sursaturation commerciale d'enfants déjà pleinement immergés dans les médias marchands hors de l'école [1]. » C'est un véritable programme de lobotomisation et de colonisation de l'imaginaire, illustré par les tristement célèbres déclarations de Patrick Le Lay lorsqu'il était patron de TF1 [2].

La maxime du consumérisme selon le philosophe Günther Anders est : « Apprends à avoir besoin de ce qui t'est offert. » « Car les offres de la marchandise, ajoute-t-il, sont les commandements d'aujourd'hui. [...] Car le refus d'acheter est considéré comme un véritable sabotage des ventes, comme une menace pour les légitimes exigences de la marchandise et, par conséquent, pas seulement comme une chose inconvenante mais aussi, positivement, comme un délit

1. Benjamin Barber, *Comment le capitalisme nous infantilise*, Paris, Fayard, 2007, p. 200.

2. « Il y a beaucoup de façons de parler de la télévision. Mais dans une perspective "business", soyons réalistes : à la base, le métier de TF1, c'est d'aider Coca-Cola, par exemple, à vendre son produit. Or, pour qu'un message publicitaire soit perçu, il faut que le cerveau du téléspectateur soit disponible. Nos émissions ont pour vocation de le rendre disponible : c'est-à-dire de le divertir, de le détendre pour le préparer entre deux messages. Ce que nous vendons à Coca-Cola, c'est du temps de cerveau humain disponible. » Patrick Le Lay, *Les Dirigeants face au changement*, cité par Patrick Viveret, *Reconsidérer la richesse*, Paris, Éditions de l'Aube, 2003, p. 32.

s'apparentant au vol[1].» Suivant la logique consumériste, «dix voleurs valent mieux qu'un ascète[2]». Les usagers et autres consommateurs ont retenu la leçon. Pendant la récession de 1958 aux États-Unis, les clients se sont mis brusquement à voler dans les supermarchés au rythme de 250 millions de dollars de marchandises par an[3]. Juste retour des choses, la mise à sac des temples de l'hyperconsommation devient ainsi un sport de masse quand les drogués du consumérisme indignés descendent dans la rue. Günther Anders parle de notre «néophilie». Nous sommes clairement en présence d'un glissement de type «macluhanesque», dans lequel on peut voir un nouveau média formater une nouvelle conscience[4].

L'usage de la monnaie et du crédit, qui permet de faire consommer ceux dont les revenus ne sont pas suffisants et de faire investir les entrepreneurs qui ne disposent pas du capital nécessaire, complète le tableau. Même avec la crise, le crédit n'est pas mort. Le directeur de General Foods déclare : «Aujourd'hui, le client veut que ses désirs se réalisent *tout de suite*, qu'il s'agisse d'une maison, d'une voiture, d'un réfrigérateur, d'une tondeuse à gazon, d'un costume, d'un

1. Günther Anders, *L'Obsolescence de l'homme. Sur l'âme à l'époque de la deuxième révolution industrielle* (1956), Paris, Encyclopédie des nuisances, 2002, p. 197.

2. Günther Anders, proverbe molussien, *ibid.*, p. 198.

3. V.P., p. 232.

4. G.S., p. 274.

chapeau, d'un voyage. Il le paiera ensuite avec ses revenus à venir[1]. »

Cependant, le crédit, avec le mécanisme du taux d'intérêt composé, est un puissant « dictateur » de croissance au Nord, mais aussi, de façon plus destructrice et plus tragique, au Sud, entretenant le cercle vicieux suicidaire du *toujours plus*[2]. Cette logique « diabolique » de l'argent qui réclame toujours plus d'argent n'est autre que celle du capital. On est face à ce que Giorgio Ruffolo appelle joliment le « terrorisme de l'intérêt composé[3] ». Quel que soit le nom dont on l'affuble pour le légitimer – retour sur investissement (*return on equity*), valeur pour l'actionnaire –, quel que soit le moyen de l'obtenir – en comprimant impitoyablement les coûts (*cost killing, downsizing*), en extorquant une législation abusive sur la propriété (brevets sur le vivant) ou en construisant un monopole (Microsoft) –, il s'agit toujours du profit, moteur de l'économie de marché et du capitalisme à travers ses diverses mutations.

Cette recherche du profit à tout prix se fait grâce à l'expansion de la production-consommation et à la

1. Cité *in* V.P., p. 151.

2. Le prêt à intérêt composé, ou anatocisme, consiste à ajouter périodiquement (tous les mois ou tous les ans, par exemple) l'intérêt au principal. Si le principal de la dette n'est pas remboursé, celle-ci augmente automatiquement très vite et, bientôt, les seuls intérêts dépassent le montant de la dette initiale.

3. Giorgio Ruffolo, *Crescita e sviluppo : critica e prospettive*, Falconara/Macerata, 8-9 novembre 2006.

compression des coûts. Les nouveaux héros de notre temps sont les *cost killers*, ces managers que les firmes transnationales s'arrachent à prix d'or, leur offrant des matelas de stock-options et des *golden parachutes*[1]. Formés le plus souvent dans les *business schools*, qu'il serait plus juste d'appeler « écoles de la guerre économique », ces stratèges ont à cœur d'externaliser au maximum les charges pour en faire porter le poids sur leurs employés, leurs sous-traitants, les pays du Sud, leurs clients, les États et les services publics, les générations futures, mais par-dessus tout sur la nature, à la fois pourvoyeuse de ressources et poubelle. Celle-ci se voit en outre sommée de payer les dommages collatéraux, comme la pollution du golfe du Mexique engendrée par l'explosion, en 2010, de la plate-forme de forage Deep Horizon de la société BP. Cependant, à notre époque, tout capitaliste, tout financier, mais aussi tout *Homo œconomicus* (et nous le sommes tous dans une certaine mesure) tend à devenir un « criminel » ordinaire plus ou moins complice de la banalité économique du mal[2]. Un banquier lucide confesse : « Apprendre aux jeunes à acheter à crédit, c'est comme leur apprendre l'usage de la drogue[3]. »

1. L'anglais étant la langue du *business*, il s'est imposé dans le monde de la finance et de l'économie.

2. Voir nos analyses dans *Justice sans limites*, Paris, Fayard, 2003.

3. V.P., p. 179.

«J'ai lu (dans *Sales Credit News*), raconte Vance Packard, une parabole (fort peu biblique) sur les fiancés sages et les fiancés fous. Les insensés s'étaient fixé un plan systématique d'économies jusqu'à ce qu'ils puissent se marier et fonder un foyer sans faire de dettes. C'était stupide, expliquait-on, de remettre ainsi à plus tard le plaisir de vivre ensemble, car ils gâchaient les plus belles années de leur vie. De plus, ils privaient l'économie nationale de plusieurs années de consommation familiale.

«Les sages, au contraire, ne retardaient pas leur union sous prétexte qu'ils n'avaient pas d'argent. Ils se mariaient tout de suite, faisaient leur voyage de noces à crédit, achetaient une voiture, une maison et les meubles à crédit. Ces héros de la bataille commerciale, précisait-on, stimulaient la production du pays, contribuaient à diminuer le chômage, augmentaient le pouvoir d'achat et élevaient le standing de vie.

«Cette parabole, conclut Vance Packard – qui écrit dans les années 1960 mais dont les analyses n'ont pas pris une ride –, ne disait pas s'ils vivaient heureux. Il y a des chances que non. Une vie au bord de la faillite financière sous la pression des factures impayées crée une tension conjugale. Cette constatation inspirée par le bon sens a été confirmée par de nombreuses enquêtes [1].»

1. *Ibid.*, p. 159.

De fait, beaucoup de foyers écrasés de dettes se sont laissé tenter par la possibilité de les liquider toutes… en contractant un nouvel emprunt[1]. Ainsi ai-je vu à Périgueux, en 2012, la vitrine d'une officine de refinancement (*credit revolving*) proclamer triomphalement, photo d'une séduisante jeune femme s'envolant vers le supermarché à l'appui : « Regroupez vos crédits pour redonner vie à vos envies ». Ce renversement de la sagesse traditionnelle de l'*économat* – ne jamais dépenser avant d'avoir l'épargne nécessaire – est largement dû à l'écrasement du temps. Il faut anticiper sans attendre et réaliser dans l'instant les projets d'un avenir qui de ce fait est aboli et devient lui aussi obsolète.

Aux États-Unis, sur le marché de l'automobile, les prêts ont augmenté de 800 % entre 1947 et 1957. Mais, depuis, on a fait beaucoup mieux avec les crédits dits NINJA (*no income, no job, no assets*, c'est-à-dire sans revenu, sans travail et sans patrimoine), dont les montagnes vertigineuses ont provoqué la crise dite des *subprimes* en août 2007. « Une fois que l'on a reconnu dans les offres de la marchandise les commandements d'aujourd'hui, notait déjà Günther Anders, on ne s'étonne plus que même ceux qui ne peuvent pas se le permettre achètent les marchandises offertes. S'ils le font, c'est parce qu'ils peuvent encore moins se permettre de ne pas suivre les commandements, c'est-à-dire

1. *Ibid.*, p. 152.

de ne pas acquérir les marchandises. Depuis quand l'appel du devoir épargne-t-il les indigents? Depuis quand le devoir fait-il une exception pour les *havenots*, ceux qui n'ont rien? Tout comme, selon Kant, nous devons aussi et surtout remplir notre devoir quand il s'oppose à nos penchants, nous devons aujourd'hui le remplir même s'il s'oppose à notre propre "avoir", même si nous n'en avons pas les moyens; surtout si nous ne les avons pas. Les commandements des marchandises sont catégoriques. Lorsqu'elles annoncent leur "*must*", ce serait pur sentimentalisme que d'invoquer la précarité de sa situation personnelle déchirée entre le devoir et l'avoir[1]. » Et il conclut : « On ne finit pas par avoir ce dont on a besoin : on finit par avoir besoin de ce qu'on a[2]. »

Ainsi, avec l'obsolescence programmée, la société de croissance possède l'arme absolue du consumérisme. On peut résister à la publicité, refuser de prendre un crédit, mais on est généralement désarmé face à la défaillance technique des produits. Au bout de délais toujours plus brefs, des appareils et équipements devenus des prothèses indispensables de notre corps, des lampes électriques aux paires de lunettes, tombent en panne par suite de la défaillance voulue d'un élément. Impossible de trouver une pièce de rechange ou un réparateur. Réussirait-on à mettre la main sur

1. Günther Anders, *L'Obsolescence de l'homme*, *op. cit.*, p. 200.
2. *Ibid.*, p. 202.

l'un ou l'autre qu'il nous en coûterait plus cher que de racheter du neuf fabriqué à prix cassé dans les bagnes du Sud-Est asiatique. Et c'est ainsi que des montagnes d'ordinateurs échouent, en compagnie de téléviseurs, de réfrigérateurs, de lave-vaisselle, de lecteurs DVD et de téléphones portables, dans les poubelles et les décharges, engendrant des risques de pollution divers. Cent cinquante millions d'ordinateurs sont transportés chaque année dans des déchetteries du Tiers Monde (500 bateaux par mois vers le Nigeria et le Ghana!), au mépris de toutes les normes sanitaires, alors qu'ils contiennent des métaux lourds et toxiques (mercure, nickel, cadmium, arsenic, plomb) [1].

L'obsolescence programmée constitue un élément clef de la société contemporaine. Cependant, si l'expérience concrète du phénomène est relativement familière, l'expression reste largement inconnue du grand public. De quoi s'agit-il exactement? Quelles sont l'origine et l'histoire du phénomène, et comment expliquer sa relative méconnaissance? Quelle en est l'ampleur? Quelles en sont les limites et les conséquences? Quelle solution peut-on proposer pour y remédier? Telles sont quelques-unes des questions que nous nous proposons d'aborder dans le présent opuscule.

1. Alain Gras, «Internet demande de la sueur», *La Décroissance*, n° 35, décembre 2006.

CHAPITRE I

Le mot et la chose

Définition et nature de l'obsolescence programmée

Le mot « obsolescence » apparaît au tournant du XXᵉ siècle lorsque des appareils ménagers modernes commencent à remplacer les vieux poêles et les cheminées [1]. Thorstein Veblen, dans sa *Théorie de la classe de loisir* (1899), manifeste une prédilection particulière pour ce mot [2]. Au XIXᵉ siècle, on parlait plutôt d'« *adultération* des produits » pour désigner une forme de tricherie sur la qualité ou la quantité afin de faire baisser les coûts, mais aussi de stimuler la demande. Le désir d'accélérer l'usure, la consommation et le renouvellement des objets, tout particulièrement des équipements, est une tentation bien compréhensible chez les producteurs, dont l'objectif est de vendre toujours plus. On peut donc considérer l'*adultération* comme

1. G.S., p. 4. Le dictionnaire Littré date de 1877 l'apparition du mot « obsolète » en tant que néologisme de grammairiens pour parler d'un mot ou d'une locution hors d'usage.

2. Thorstein Veblen, *Théorie de la classe de loisir* (1899), Paris, Gallimard, 1963.

l'ancêtre européen de l'*obsolescence programmée*, née aux États-Unis.

Il y a en fait trois formes d'obsolescence : technique, psychologique et planifiée. La première désigne le déclassement des machines et appareils dû au progrès technique, qui introduit des améliorations de toutes sortes. Ainsi, la locomotive à vapeur rend la diligence obsolète, mais la machine à coudre à pédale fait de même pour la machine à manivelle, et la machine électrique pour la machine à pédale. Déjà, la hache en pierre polie avait déclassé l'outil du paléolithique, mais elle avait ensuite été dépassée à son tour par la hache de bronze, puis par la hache de fer. Toutefois, jusqu'à ce qu'on appelle la « révolution industrielle », ces changements s'opéraient en l'espace de milliers d'années. Cette première forme d'obsolescence ne nous est devenue familière qu'avec la modernité et les « tempêtes d'innovations créatrices », pour parler comme Schumpeter. L'obsolescence psychologique désigne la désuétude provoquée, non par l'usure technique ou l'introduction d'une innovation réelle, mais par la « persuasion clandestine », c'est-à-dire la publicité et la mode. La différence entre le produit nouveau et le produit ancien se limite à la présentation, au *look*, au *design*, voire à l'emballage. L'obsolescence programmée, enfin, objet central du présent essai, qualifie l'usure ou la défectuosité artificielle. Dès le début, le produit est conçu par le fabricant pour avoir une durée de vie limitée, et ce grâce à l'introduction systématique d'un dispositif *ad hoc*. Il peut s'agir par exemple d'une puce électronique insérée dans une imprimante afin que celle-ci se bloque après 18 000 copies, ou d'une pièce fragile dont on prévoit qu'elle provoquera la panne de l'appareil à l'expiration de la durée de garantie. Comment définir précisément cette nouvelle forme d'obsolescence ? Quelle en est la nature exacte ?

I. ESSAI DE DÉFINITION

En 1832, Charles Babbage, professeur de mathématiques à Cambridge, a décrit, le premier, l'obsolescence technique, encore dépourvue de nom, comme un phénomène inhérent à la révolution industrielle[1]. Il ne s'agissait alors que du déclassement des produits ou des machines dû à l'innovation. C'est la seule forme d'obsolescence qui ne soit pas totalement délibérée, et la seule que les dictionnaires français connaissent. Le Larousse en donne la définition suivante : « dépréciation d'une machine, d'un équipement, tendant à le rendre périmé du seul fait de l'évolution technique et s'ajoutant aux autres facteurs de dépréciation ». Les économistes européens n'ont guère étudié que cet aspect d'un rouage essentiel à la reproduction accélérée de la demande, celui de l'innovation technique. Le *Dictionnaire des sciences économiques* de Jean Romœuf paru en 1958 la définit comme une usure morale par

1. *Giles Slade*, op.cit., p. 263.

opposition à l'usure physique. «Un outillage, par exemple, s'use en produisant. L'amortissement a précisément pour objet de permettre la rénovation de l'outillage usé. Mais de quel outillage ? Le même ? Dans de nombreux cas, le progrès technique, en proposant des machines plus perfectionnées, fait qu'un outillage neuf est néanmoins vieilli pour être apparu, si peu que ce soit, avant la nouvelle invention [1].»

L'obsolescence programmée ou planifiée (*planned*) est une invention spécifiquement états-unienne qui s'est répandue dans le reste du monde au rythme de la diffusion de l'*American way of life*, et plus encore avec la mondialisation. La deuxième forme d'obsolescence, l'obsolescence psychologique ou symbolique, presque aussi vieille que l'humanité avec les phénomènes de mode, s'est trouvée rénovée à la suite de sa contamination par la précédente aux États-Unis. C'est sans doute pourquoi elle apparaît dans le dictionnaire de Jean Romœuf. «La publicité, les variations de la mode, l'évolution des genres de vie contribuent également à vieillir prématurément des appareils de fabrication parce que leurs produits ne répondent plus à la demande ou à la même demande.» En revanche, les dictionnaires d'économie et de gestion et autres lexiques de sciences sociales disponibles aujourd'hui sur le marché ne donnent que la définition de

1. Jean Romœuf (dir.), *Dictionnaire des sciences économiques*, Paris, PUF, 1956.

l'obsolescence technique. Même si je ne prétends pas, bien sûr, avoir épluché l'ensemble des dictionnaires spécialisés, je n'ai rencontré nulle part au cours de mes recherches de référence à l'obsolescence programmée.

Si l'obsolescence technique n'est que l'intégration plus ou moins inévitable du progrès dans l'industrie et, comme telle, est inhérente à la modernité, il n'en va pas de même des deux autres formes. Une phase nouvelle de l'histoire de l'obsolescence commence en 1923, avec le lancement de la Chevrolet par General Motors pour concurrencer Ford. Techniquement, le produit n'est pas meilleur, mais tout est dans le *look*. C'est l'obsolescence psychologique ou dynamique. Il s'agit de manipuler le consommateur par la publicité pour le convaincre de changer de modèle tous les deux ou trois ans. En 1928, on parle d'obsolescence *progressive*; on invente même en 1932 le néologisme sans lendemain *obsolétisme*.

Bien que l'on ne sache pas si l'expression *planned obsolescence* (obsolescence programmée) était utilisée auparavant par les industriels, c'est à Bernard London – qui s'en fait l'ardent propagandiste – que l'on doit son usage systématique. Au sens strict, l'expression ne s'applique que dans les cas de *mise au rancart* d'un produit parce que le concepteur ou le producteur y a introduit de propos délibéré une pièce défectueuse destinée à en limiter la durée de vie. Plus largement, pour Giles Slade, «l'obsolescence programmée est une expression attrape-tout utilisée pour décrire un ensemble de techniques mises en œuvre pour réduire artificiellement la durabilité d'un bien manufacturé de manière à en stimuler la consommation renouvelée[1] ». Il apparaît en effet difficile de séparer radicalement les aspects techniques et les aspects symboliques. Tous les moyens étant bons pour accélérer la consommation, toutes les formes d'obsolescence sont programmées par le système et donc susceptibles d'entrer dans la case « obsolescence planifiée » comprise au sens large, même s'il convient de toujours chercher à distinguer ce qui tient au défaut technique et ce qui tient à la mode.

En 1934, Lewis Mumford décrit le phénomène sans utiliser l'expression *obsolescence programmée*, signe qu'elle n'est pas encore entrée dans le langage courant. L'invention de l'expression a été revendiquée (à tort) par un *designer* célèbre, Clifford Brooks Stevens, dans les années 1950. Stevens créait systématiquement de nouveaux modèles, sans améliorations techniques, pour pousser les consommateurs à acheter de nouveaux produits bien avant que les anciens ne soient hors d'usage; il désignait cette pratique comme une programmation de l'obsolescence. En parallèle, des innovations techniques plus ou moins utiles ont été recherchées de façon de plus en plus frénétique par les entreprises, non seulement comme une arme face à la concurrence, mais aussi comme un moyen pour forcer

1. G.S., p. 5.

la consommation. On peut le vérifier aujourd'hui dans le domaine de l'électronique et de la micro-informatique : les nouveaux modèles de liseuses, de téléphones portables, d'ordinateurs de poche (iPad et autres iPod) sortent à une cadence accélérée.

II. LA NATURE DE L'OBSOLESCENCE PROGRAMMÉE

Pour le philosophe Jean-Claude Michéa, l'apparition aux États-Unis, dans l'entre-deux-guerres, du phénomène de l'obsolescence planifiée, lié à la naissance de la société de consommation, ne doit rien au hasard. Elle résulterait d'une sorte de complot politique : « L'imposition délibérée, dans l'Amérique des années 20, d'une nouvelle manière de vivre fondée sur la consommation (ce qui incluait l'obsolescence programmée – initiée, en 1925, par le cartel des fabricants d'ampoules électriques – de toutes les marchandises produites), le crédit et le mouvement perpétuel de la mode et du spectacle, ne doit pas être comprise comme une simple réponse économique à la nécessité de trouver des débouchés intérieurs à la production industrielle de masse. En réalité, comme Stuart Ewen [1] l'avait établi il y a déjà plus de trente ans, il s'agissait *tout autant*, dans l'esprit des hommes d'affaires libéraux et des premiers théoriciens du marketing, de

1. Stuart Ewen, *Consciences sous influence. Publicité et genèse de la société de consommation* (1977), Paris, Aubier, 1983.

construire une alternative politique crédible au "bolchevisme" alors menaçant (France A. Kellor, 1919) et d'imposer aux travailleurs américains "l'abandon de toute pensée de classe" (Edward Filene, 1931)[1]. »

À un niveau plus profond, la programmation d'une mort accélérée des produits correspond bien à une nécessité du système. Les firmes qui détenaient le brevet de certaines lames de rasoir inusables ont renoncé à les produire, souligne Günther Anders, « parce que l'immortalité effective de ces produits aurait entraîné la mort de la production. Or la production vit de la mort des produits (qu'il faut toujours racheter) ; c'est par conséquent pour assurer l'*éternité* de la vie de la production que chaque exemplaire doit être mortel[2] ».

En 1936, Lewis Mumford publie un article sur la *product durability* (durabilité des produits). Personne ne se porte mieux, note-t-il, du fait d'avoir du mobilier qui tombe en morceaux en quelques années ou des vêtements qui n'ont plus d'allure avant la fin de la saison[3]. Personne, sans doute, sauf les producteurs, c'est-à-dire la société de croissance et de consommation, qui ne vit que de cette mort toujours renouvelée de nos achats.

1. Jean-Claude Michéa, *Le Complexe d'Orphée. La gauche, les gens ordinaires et la religion du progrès*, Paris, Climats, 2011, p. 247.

2. Günther Anders, *L'Obsolescence de l'homme*, *op. cit.*, p. 69.

3. V.P., p. 79.

En 1951 sort sur les écrans un film de science-fiction britannique, *L'Homme au complet blanc* (*The Man in the White Suit*), d'Alexander Mackendrick. Il met dramatiquement en scène le conflit entre la logique technicienne et la logique économique, et illustre la nécessité de fer pour le système économique de pratiquer l'obsolescence. Le héros, Sid Stratton (interprété par Alec Guinness), ingénieur chimiste, découvre une fibre indestructible grâce à laquelle il met au point un tissu inusable qui repousse la saleté. Très fier de son invention, il pense qu'elle va révolutionner l'industrie du vêtement et améliorer le sort de l'humanité en offrant à tous la possibilité d'investir dans un habit unique, sans nécessité d'un renouvellement périodique. Mais c'était compter sans la logique du système capitaliste. Il se heurte aussitôt au lobby du secteur textile, menacé d'un arrêt de croissance, et aux ouvriers de cette branche, menacés de chômage. Refusant de vendre son brevet, car il sait que son invention sera mise au rancart, il est séquestré, mais réussit à s'échapper en se suspendant à son fil incassable. S'ensuit une course poursuite rocambolesque. Finalement, à son grand désappointement, mais à la satisfaction générale, le tissu se décompose et le spectre de la fibre indestructible est conjuré.

Comme le montre Cosima Dannoritzer dans son reportage *Prêt à jeter*, l'histoire bien réelle des bas Nylon est assez proche du scénario de ce film. En 1940, du Pont de Nemours lance un bas en soie synthétique qui, pour le plus grand bonheur des élégantes, ne file pas. Quasiment inusable à ses débuts, il est d'une telle solidité qu'il peut servir de câble pour tracter une voiture. Mais, très rapidement, la logique industrielle reprend le dessus. Les ingénieurs ont pour mission de fragiliser la fibre miracle en y incorporant des *gènes* de mortalité, autrement dit de programmer la défectuosité. Ce sera bientôt chose faite grâce à un dosage spécifique des additifs destinés à protéger le Nylon des rayons ultraviolets. Bon gré mal gré, les femmes retrouvent le chemin des boutiques…

Il y a tout de même un hic. Passer de l'obsolescence programmée théorique à son application pratique n'est pas si simple en raison de la compétition entre les fabricants. Il est possible de tricher subrepticement sur les produits, comme le faisaient au XIXe siècle les entrepreneurs indélicats, mais, en situation de concurrence, comment une firme peut-elle vendre des produits dont la durée de vie est manifestement limitée, alors que ses rivaux font de la longévité de leur produit un argument de vente ? Il faut donc se trouver en situation de monopole – ou créer, à travers des ententes, une forme monopolistique comme le cartel – pour pouvoir pratiquer à son aise la limitation systématique de la durée de vie des produits.

Le premier cas est bien illustré par l'iPod d'Apple, qui, jusqu'au dépôt d'une plainte collective (*class action*) par Elizabeth Pritzker au nom d'Andrew Westley en décembre 2003, contenait une batterie non réparable programmée pour durer dix-huit mois seulement. L'affaire Phœbus et le « comité des 1 000 heures » illustrent le second cas. En effet, l'histoire du cartel des ampoules électriques telle qu'a pu la reconstituer le chercheur allemand Helmut Föge – et qui représente un temps fort du film de Cosima Dannoritzer – est sans doute la plus emblématique de l'obsolescence programmée. En 1881, Edison lance les premières ampoules, dont la durée de vie est de 1 500 heures. Dans les années 1920, la durée de vie moyenne des ampoules est d'environ 2 500 heures – pour certaines, c'est bien au-delà –, et leur longévité constitue un argument de vente dans un marché encore concurrentiel. *Prêt à jeter* contient cette scène inoubliable de la fête organisée en 2001 par le « comité de l'ampoule » de Livermore, en Californie, pour marquer le centième anniversaire d'une ampoule à filament de carbone qui, depuis 1901, n'a cessé d'éclairer en continu le hall de la caserne de pompiers locale. Soufflée à la main, cette fameuse ampoule a été conçue par Adolphe Chaillet et produite par la Shelby Electric Company vers 1895. Une durée de vie incroyable pour un produit industriel !

Une telle longévité était évidemment inacceptable pour les gros fabricants, comme General Electric. Aussi, en décembre 1924, cette firme et les principaux acteurs du marché se réunirent à Genève pour débattre de la durée de vie des ampoules. Leur entente prit le nom de « cartel Phœbus ». L'objectif fixé était de limiter cette durée de vie à 1 000 heures. Il fut atteint dans les années 1940 grâce à la vigilance du « comité des 1 000 heures ». Les fabricants allèrent même jusqu'à en faire un argument publicitaire ! Malgré le procès intenté en 1942 et la condamnation, au bout de onze ans, des entreprises états-uniennes, l'accord ne fut pas remis en cause. Les ampoules de longue durée Narva, fabriquées par des entreprises est-allemandes, n'accédèrent jamais au marché de l'Ouest, et tous les brevets d'ampoules traditionnelles de longue durée déposés jusqu'à nos jours ont été enterrés. Quant à l'histoire des nouvelles ampoules à basse tension, elle reste encore à écrire et réserve sans doute quelques surprises.

Le problème, c'est que les ententes du type cartel Phœbus sont généralement interdites par les législations nationales. Elles doivent donc se former de manière plus ou moins occulte, ce qui limite sérieusement l'extension de l'obsolescence planifiée. Toutefois, on peut créer des situations de quasi-monopole par la politique des marques, comme le montre le cas de l'iPad d'Apple. En effet, le plus souvent, les brevets concernent davantage des logos que de véritables innovations. L'idéal, évidemment, est de n'avoir même pas besoin d'introduire une pièce défaillante dans le produit, mais de réussir à le rendre obsolète par la seule force de la persuasion clandestine, c'est-à-dire de la publicité. L'obsolescence symbolique peut donc être considérée comme le stade suprême de l'obsolescence programmée, ainsi que l'avait bien compris Clifford Brooks Stevens.

On observe finalement une véritable symbiose entre l'obsolescence programmée, l'obsolescence symbolique et l'obsolescence technique. La manipulation de l'opinion est telle que les trois formes s'interpénètrent. Ainsi, quand mon ordinateur se retrouve hors service après seulement deux années d'usage, je renonce à le faire réparer et décide de profiter de l'occasion pour m'offrir un nouveau modèle plus performant. À l'inverse, de peur de tomber en panne, j'ai pris l'habitude d'acheter une voiture neuve tous les deux ans. La crainte d'une panne fatale joue un rôle majeur dans notre société et provoque chez la plupart des gens une véritable panique : trouver un réparateur, supporter pendant un temps donné la privation d'un équipement devenu une prothèse indispensable est une source de soucis et d'anxiété que l'on préfère éviter si l'on en a les moyens. Un jour, en Sardaigne, j'ai pu observer le désarroi d'une famille dont le réfrigérateur était tombé en panne par 40 °C à l'ombre. Vivre ne serait-ce que vingt-quatre heures sans glacière est au-delà de ce que nos contemporains peuvent supporter. Je suis heureux d'avoir pu contribuer à la survie de cette famille grâce à ma connaissance de techniques ancestrales de conservation des aliments transmises par ma mère et ignorées des jeunes générations.

«Vous balancez votre bon vieux transistor pour acheter un poste multifonctions, raconte Umberto Eco, y compris le système autoreverse, mais d'inexplicables faiblesses de sa structure interne feront que cette merveille dernier cri ne durera qu'un an. Quant à votre nouvelle voiture, elle aura beau exhiber des sièges en cuir, deux rétroviseurs latéraux réglables de l'intérieur et un tableau de bord en bois précieux, elle résistera beaucoup moins bien que la glorieuse *Cinquecento* qui, lorsqu'elle était en panne, redémarrait avec un coup de pied. » Toutefois, loin de s'indigner, l'écrivain conclut avec philosophie : « La morale d'alors nous voulait tous spartiates, celle d'aujourd'hui nous veut tous sybarites [1]. »

Il existe pour chacun d'entre nous un seuil psychologique à partir duquel on préfère renoncer à l'ancien et acheter du neuf. Tout le travail du marketing consiste à l'abaisser le plus possible. La conclusion d'Umberto Eco montre que ce seuil est déjà très bas. Tout cela, qui témoigne de notre toxico-dépendance aux objets, contribue à expliquer pourquoi la protestation contre l'obsolescence programmée est si molle.

1. Umberto Eco, *Comment manger une glace* (1989), in *Comment voyager avec un saumon*, Paris, Le Livre de poche, 2000, p. 185.

CHAPITRE II

Origine et domaine de l'obsolescence programmée

L'obsolescence programmée sous ses deux formes – l'obsolescence planifiée au sens strict, c'est-à-dire la défaillance technique calculée, et au sens large, c'est-à-dire l'obsolescence psychologique, la désuétude organisée *systématiquement* par la mode – est une invention états-unienne. L'affaire est entendue. Toutefois, comme pour beaucoup de traits de cette culture, on y décèle des racines européennes. La mode, avons-nous dit, est presque aussi vieille que l'humanité, et la disposition psychologique qui la fonde fait sans doute partie de la nature humaine. Quant à l'obsession de vendre, et donc de faire consommer, si elle est inhérente au capitalisme industriel, elle est nécessairement présente sur le Vieux Continent. Et on la rencontre effectivement à travers l'*adultération* des produits. Seulement, en Europe, la programmation de l'obsolescence s'est heurtée à des traditions, à une histoire, à une éthique qui s'opposaient à son épanouissement, tandis que dans le Nouveau Monde elle a pu balayer plus rapidement les obstacles qui se dressaient sur sa route, tant du côté des producteurs que du côté des consommateurs.

I. LES ORIGINES DE L'OBSOLESCENCE PROGRAMMÉE

Ces origines sont à rechercher tout autant dans les prédispositions des consommateurs que dans les logiques économiques qui déterminent l'action des producteurs.

1) Une constante anthropologique

L'obsolescence programmée n'apparaît pas sur un terrain vierge. Outre ses antécédents directs dans l'ère industrielle, que nous analyserons plus loin, il est des dimensions anthropologiques que l'on retrouve dans toutes les sociétés humaines – le plaisir de l'ostentation ou encore la propension à la dépense, au gaspillage. À la prédilection pour le luxe, la splendeur et la parade s'ajoute le mépris de l'utile, voire une jouissance de la destruction pour afficher sa grandeur, son détachement. Des fêtes orgiaques des sociétés primitives à l'évergétisme gréco-romain, du potlatch des Amérindiens de Colombie-Britannique aux fondations des barons voleurs nord-américains, on retrouve la même émulation dépensière et somptuaire. L'effervescence festive est tout à la fois une dépense d'énergie (et de ressources) et un moyen extraordinaire pour « recharger les batteries ». Carnavals, jubilés, noces, banquets, inaugurations, rituels divers, jusqu'aux cérémonies religieuses exaltant la pauvreté, l'humilité et l'ascèse : tout est bon pour étaler son faste, afficher son statut, faire montre de sa grandeur ou de sa générosité. Ces manifestations concrètes de la vanité et de l'amour-propre se traduisent par une forte consommation de ressources dans leur déroulement et aboutissent à une consumation[1]. Les rares économistes qui ont daigné quitter leurs modèles abstraits pour se pencher sur la réalité, comme Thorstein Veblen, s'en sont rendu compte et ont insisté sur l'importance de ces phénomènes, qui biaisaient les traditionnelles fonctions utilitaristes de la consommation. Sous le nom de *snob effect*, ils ont retenu que, à l'encontre de la théorie standard, la demande de biens de luxe pouvait augmenter avec leur prix : on n'achète pas un diamant bon marché. Sous le nom de *demonstration effect*, ils ont noté que les courbes de demande en fonction du revenu, dans les couches inférieures, se déplaçaient pour imiter la consommation des couches moyennes, et que celles des couches moyennes faisaient de même pour imiter la consommation des couches supérieures. Ces phénomènes de consommation ostentatoire

1. Comme l'a magistralement analysé Georges Bataille dans *La Notion de dépense* (1933) et *La Part maudite* (1949), deux textes publiés dans un même volume sous le titre *La Part maudite*, Paris, Minuit, 1967.

révèlent une propension psychologique qui contribue à expliquer la faible résistance à l'obsolescence programmée et le succès finalement trop facile de l'obsolescence symbolique.

Cette dernière, en effet, n'est pas vraiment nouvelle. La mode est un phénomène ancien. Si, faute de documents, elle n'est pas attestée avant le néolithique, on en trouve les prolégomènes dès les premières traces des sociétés à écriture. Les témoignages se multiplient avec le raffinement des civilisations. À Rome, on voit apparaître des modes vestimentaires, culinaires, ornementales. À Pompéi, les archéologues ont pu identifier quatre ou cinq styles successifs de décoration. L'existence de rapports marchands favorise et accélère le processus. Les nouveaux riches veulent des vêtements de soie, des épices lointaines, et les commerçants qui en tirent de grands profits encouragent ces penchants. De leur côté, les artisans qui fabriquent des objets de commodité ou de luxe ont tout intérêt à inciter à leur renouvellement en lançant de nouveaux produits plus séduisants, sinon plus pratiques.

Ainsi, au fil des siècles, bien avant l'ère industrielle, on voit se développer des formes d'obsolescence symbolique qu'on appelle plus simplement « effets de mode ». La mode Empire chasse la mode Directoire, qui avait chassé la mode Louis XVI, laquelle avait chassé les modes Louis XV, Louis XIV, Louis XIII, et ainsi de suite. Cependant, ces effets de mode avaient un impact relativement limité sur la vie économique des sociétés prémodernes. D'une part, ils ne concernaient guère qu'une élite; d'autre part, la propension à l'ostentation et au gaspillage était combattue non seulement par les morales et les religions, mais plus encore par les habitudes nées de la nécessité.

2) Les obstacles de la tradition

La fascination pour les produits manufacturés résultant de l'ingéniosité humaine a longtemps dominé le monde. Il suffit de penser aux Amérindiens des plaines, qui croyaient les couvertures européennes faites en «peau de manitou», c'est-à-dire d'esprits surnaturels, ou encore à l'attirance des «indigènes», lors de leurs premiers contacts avec les Européens, pour les miroirs, les chiffons et même les clous. La traite des esclaves en Afrique s'est faite pendant trois siècles avec de la pacotille ou de la verroterie.

C'est vrai aussi de nos campagnes et de nos provinces, qui ont longtemps été sillonnées par des colporteurs faisant connaître les merveilleux produits de la civilisation. Rappelons-nous le respect qu'avaient nos ancêtres pour les artefacts artisanaux, horloges, montres, instruments divers que l'on entretenait avec soin et se transmettait pieusement de génération en génération. On recousait, réparait, rapiéçait à l'infini ces produits manufacturés, y compris la vaisselle, ce qui est impensable pour nous aujourd'hui. Je me souviens encore de ces réparateurs ambulants que je voyais dans mon enfance, réparant la porcelaine cassée avec leur poinçon, leur colle (de la coquille d'œuf broyée dans le blanc) et leurs agrafes métalliques. Ce souci de réparer, de recycler, d'économiser, je l'ai retrouvé plus récemment en Afrique, en particulier dans les villages de brousse où font défaut les moyens d'acheter du neuf. On recoud les calebasses, on rapièce les vêtements, on transforme les boîtes de conserve en lampes à pétrole. Certes, ce n'est plus l'Afrique traditionnelle où l'on rafistolait le moindre objet, plus peut-être par choix que par nécessité, et bien sûr sans aspirer à la consommation. Plus que l'austérité contrainte, c'est sans doute cette éradication du virus de la croissance qu'il faudrait viser aujourd'hui.

Jusqu'au milieu du XXe siècle, pour la plupart des gens, l'économie renvoyait avant tout au fait d'être économe : épargner les ressources naturelles, prendre soin des objets, ne rien jeter. Cet esprit de *ménagement* régnait non seulement au sein des ménages, mais aussi dans les ateliers des artisans, dans les manufactures et même dans les premières fabriques. Se perpétuait dans la vieille Europe une tradition de la qualité et du durable qui remontait aux corporations et aux guildes médiévales. Cette éthique survivait encore dans le premier capitalisme, celui des manufactures, qui précéda la révolution industrielle et se prolongea même au-delà. On trouve ainsi dans les réglementations de Colbert une exigence de qualité qui étonne :

« Un soin particulier devra être porté à la qualité des produits manufacturés : le commis de Sa Majesté fera assembler les jurés et leur fera lecture du règlement ; il leur expliquera sur chaque article ce qu'ils doivent faire pour bien l'exécuter et leur fera connaître que s'ils contreviennent, il s'ensuivra infailliblement leur ruine, parce que leurs étoffes seront confisquées et leurs lisières déchirées publiquement [...]. Les étoffes de même nom, espèce et qualité doivent être uniformes dans tout le royaume par leur longueur, largeur et force [1]. » Certes, l'existence de tels règlements montre que la tentation de l'adultération était bien présente, mais son expansion était bloquée par la pression de la coutume et de la législation.

3) L'âge de la falsification

L'ancêtre de l'obsolescence programmée, c'est l'*adultération* des produits, forme de tricherie sur la qualité ou la quantité pour abaisser les coûts et, accessoirement, stimuler la demande. La tricherie a toujours accompagné l'échange marchand, dont le fondement secret est d'acheter le moins cher possible et de revendre le plus cher possible. La tentation est grande de frauder quelque peu pour faire croître le bénéfice.

1. Jean-Baptiste Colbert, *Lettres et mémoires*, cité par René Passet, *Les Grandes Représentations du monde et de l'économie à travers l'histoire*, Paris, Les Liens qui libèrent, 2010, p. 135.

C'est l'un des motifs de la condamnation du commerce par Aristote. Mais, tant que le négoce porte soit sur des biens fongibles comme la nourriture, détruits par leur premier usage, soit sur des œuvres exceptionnelles non reproductibles comme les tableaux, les sculptures et autres pièces sorties d'ateliers d'artistes ou d'artisans, le renouvellement de la demande est assuré automatiquement, sans qu'il soit besoin de l'accélérer. La tricherie, si elle existe, porte alors sur des vices cachés ou sur la matière première. Ce fut le cas par exemple avec la couronne votive qu'un orfèvre avait réalisée pour Hiéron, tyran de Syracuse. La supercherie fut dévoilée par Archimède, et elle est à l'origine de sa fameuse découverte. En effet, celui-ci s'aperçut, en entrant dans son bain, que son corps recevait une poussée égale au poids du volume d'eau déplacé. Il alla alors chercher la couronne, la plongea dans l'eau, compara le poids du volume déplacé à celui de la couronne et de l'or équivalent, et confondit ainsi l'orfèvre indélicat qui avait introduit de l'argent dans l'ouvrage [1].

La défaillance incorporée dès la conception du produit n'est donc pas, comme on le dit parfois, le fruit de la grande dépression qui a fait naître sa théorisation et sa systématisation ; elle existait dès l'origine du commerce et du trafic marchand, mais elle prit une ampleur considérable au XIXe siècle. Le développement des connaissances scientifiques permettait un usage

1. Cité *in* Vitruve, *Les dix livres d'architecture*, préface du livre IX.

abusif pour tromper l'acheteur sur la nature des produits. C'est ce qu'on a appelé l'« adultération ». Elle consistait par exemple à allonger le lait ou le whisky avec de l'eau, ou encore à utiliser des matières premières bon marché et de mauvaise qualité. Ce procédé présentait le double avantage de faire baisser les coûts et d'accélérer la consommation : dégrader la qualité pour gagner plus et faire consommer plus.

Les premiers socialistes en tirèrent un argument contre le mode capitaliste de production. « L'on prétend, écrivait Charles Fourier, que les hommes ne sont pas plus faux qu'ils ne l'étaient jadis ; cependant on pouvait, il y a un demi-siècle, se procurer à peu de frais des étoffes de bon teint et des comestibles naturels ; aujourd'hui l'altération, la fourberie dominent partout. Le cultivateur est devenu aussi fraudeur que l'était jadis le marchand. Laitages, huiles, vins, eaux-de-vie, sucre, café, farines, tout est falsifié impudemment. La multitude des pauvres ne peut plus se procurer de comestibles naturels ; on ne lui vend que des poisons lents, tant l'esprit du commerce a fait de progrès jusque dans les moindres villages. »

« De même que l'on nomme certaines périodes de l'histoire l'âge de la connaissance, l'âge de la chevalerie, l'âge de la foi, etc., ainsi pourrais-je baptiser notre époque l'*âge de l'ersatz* », déclare de son côté l'utopiste William Morris dans sa conférence du 18 novembre

1894 intitulée, justement, «L'âge de l'ersatz[1]». «L'omniprésence des ersatz et, je le crains, le fait de s'en accommoder, forment l'essence de ce que nous appelons civilisation[2]», poursuit-il. Il dénonce la «dépravation indirecte des sciences : entre autres par le progrès de la chimie, qui ne travaille qu'à vexer le pauvre, en fournissant au commerce des moyens de dénaturer toutes les denrées : pain de pomme de terre, vin de bois d'Inde, faux vinaigre, fausse huile, faux café, faux sucre, faux indigo ; tout n'est que travestissement dans les comestibles et fabrications, et c'est sur le pauvre que s'exerce la gargote chimique : lui seul est victime de toutes ces inventions mercantiles, qui pourraient avoir d'utiles emplois dans un régime de relations véridiques, mais qui seront de plus en plus nuisibles jusqu'à la clôture de la civilisation[3]». «L'idéal du meunier moderne (importé, j'imagine, d'Amérique, patrie de l'ersatz), note-t-il encore, semble être de réduire les riches grains de blé en une poudre blanche dont la particularité est de ressembler à de la craie, car il recherche avant tout

1. William Morris, *L'Âge de l'ersatz et autres textes contre la civilisation moderne*, présenté par Olivier Barancy, Paris, Encyclopédie des nuisances, 1996. «Traduire "makeshift" (pis-aller, expédient, substitut, succédané), terme qui au cours des années reviendra de plus en plus souvent sous la plume de William Morris, par "ersatz", c'est bien consciemment commettre un anachronisme» (p. 16).

2. *Ibid.*, p. 121.

3. *Ibid.*, p. 17.

la finesse et la blancheur, au détriment des qualités gustatives[1].» Kropotkine, le prince des anarchistes, dénonce de même le gaspillage capitaliste qui vise à «forcer le consommateur à acheter ce dont il n'a pas besoin, ou à lui imposer par la réclame un article de mauvaise qualité[2]».

Cette tricherie sur la qualité des matières premières utilisées pour accroître les profits, si elle est aujourd'hui plus difficile à réaliser en raison des normes et des contrôles, et moins intéressante que le renouvellement systématique dans le cas de la production en grande série, est cependant loin d'avoir disparu. On la retrouve dans des niches bien spécifiques. Dans l'inoubliable film de Carol Reed, *Le Troisième Homme*, tiré du livre de Graham Greene, Orson Welles joue le rôle d'un truand, Harry Lime, responsable du drame des enfants soignés avec une pénicilline diluée dans de l'eau. En France, le scandale des prothèses mammaires défectueuses qui ont mis en danger la vie de 30000 femmes a renouvelé le genre. Au milieu des années 2000, l'entreprise PIP (Poly Implant Prothèse), confrontée à un fléchissement de ses ventes du fait de la concurrence, décide d'utiliser un gel de silicone industriel dix fois moins coûteux que le gel de qualité précédemment employé, sans rien changer, évidemment, à sa publicité ni à la description

1. *Ibid.*, p. 123.

2. Pierre Kropotkine, *La Conquête du pain. L'économie au service du tous* (1892), Paris, Éditions du Sextant, 2006, p. 31.

du produit. Cette pratique, qui a permis à l'entreprise de réaliser un profit supérieur d'environ un million d'euros par an, a eu et risque d'avoir pendant encore longtemps des conséquences dramatiques pour les femmes qui ont eu recours aux prothèses fabriquées par PIP. L'affaire dite du « sang contaminé », où l'on a vu des hôpitaux continuer à écouler des stocks potentiellement porteurs du rétrovirus du sida, avait déjà montré que le service public lui-même n'est pas à l'abri de telles dérives commerciales. Plus récemment, une affaire de trafic – long de plusieurs années – d'huiles polluées aux polychlorobiphényles a conduit la société Chimirec devant la justice [1].

Tandis que William Morris dénonçait la falsification, mais sans en voir le côté positif pour l'emploi, Paul Lafargue, le gendre de Marx, avait déjà perçu la contradiction entre le fait de produire toujours plus et la durabilité des biens : « À Lyon, au lieu de laisser à la fibre soyeuse sa simplicité et sa souplesse naturelle, on la surcharge de sels minéraux qui, en lui ajoutant du poids, la rendent friable et de peu d'usage. Tous nos produits sont adultérés pour en faciliter l'écoulement et en abréger l'existence. Notre époque sera appelée l'*âge de la falsification*, comme les premières époques de l'humanité ont reçu les noms d'*âge de pierre*, d'*âge de bronze*, du caractère de leur production. » Non sans malice, il ajoute : « Des ignorants accusent de fraude

1. *Le Monde*, 13-14 mai 2012.

nos pieux industriels, tandis qu'en réalité la pensée qui les anime est de fournir du travail aux ouvriers qui ne peuvent se résigner à vivre les bras croisés[1]. » Puis il expose, sur un mode humoristique grinçant, ce qui sera la thèse de Bernard London pendant la Grande Dépression : « Ces falsifications, qui ont pour unique mobile un sentiment humanitaire, mais qui rapportent de superbes profits aux fabricants qui les pratiquent, si elles sont désastreuses pour la qualité des marchandises, si elles sont une source de gaspillage du travail humain, prouvent la philanthropique ingéniosité des bourgeois et l'horrible perversion des ouvriers qui, pour assouvir leur vice de travail, obligent les industriels à étouffer les cris de leur conscience et à violer même les lois de l'honnêteté commerciale. »

Quoi qu'il en soit, si les falsifications peuvent prospérer dans la production artisanale ou dans une gamme restreinte de produits de consommation courante, il n'en va pas de même dès lors que la production industrielle porte surtout sur des biens durables, fabriqués en grande série et pour lesquels, de surcroît, l'adultération peut avoir des conséquences dramatiques – comme dans le cas des scandales sanitaires évoqués ci-dessus. Le défaut de fabrication des armes, des engins de locomotion ou des médicaments relève en effet du délit, voire du crime. Le renouvellement de

1. Paul Lafargue, *Le Droit à la paresse* (1880), Paris, Mille et une nuits, 2000, p. 41.

la demande dépend dans ce contexte de la limitation de la durabilité. Dans son livre de 1925, *The Tragedy of Waste*, Stuart Chase décrit l'adultération, mais il en parle déjà à propos des vêtements ou des pneus dans les termes d'une obsolescence programmée, « comme l'emploi de matériaux ayant la plus courte durée de vie possible ».

4) La transformation des mentalités

En même temps, le respect pour les produits de qualité et ce qu'on peut appeler l'*éthique du durable* règnent encore jusque dans les années 1930, y compris aux États-Unis, tant dans l'univers de la production que dans les habitudes des ménages. Les producteurs capitalistes à mentalité d'entrepreneurs veulent continuer à produire des objets robustes dont ils puissent être fiers. L'exemple classique est celui de Ford et du modèle T, mais le record de la longévité des produits industriels fabriqués en série est certainement celui des ampoules à filament de carbone, dont nous déjà parlé. Les ingénieurs mettant un point d'honneur à concevoir des appareils solides capables de défier le temps, les convaincre de créer des produits fragiles, non durables, ne fut pas une mince affaire. Toutefois, dans les grandes entreprises, le rôle toujours croissant joué par les « commerciaux » et la transformation progressive des ingénieurs en *designers* finit par venir à bout de toute résistance. Le *business* ne consiste-t-il pas avant tout à faire des profits ?

Il a fallu plus de temps encore pour transformer les mentalités des consommateurs, obtenir d'eux la mise au rebut de plus en plus rapide des biens durables et leur imposer le gaspillage comme impératif catégorique. Même refoulé par la publicité et la propagande consumériste, l'esprit d'épargne et d'économie persiste à l'état latent pour réapparaître en période de pénurie, lors des guerres ou des crises. On dispose de nombreux témoignages sur la situation des colonies coupées de l'approvisionnement des métropoles pendant les deux guerres mondiales ; on était alors bien obligé non seulement de faire avec l'ancien jusqu'à usure totale, mais aussi d'inventer l'équivalent avec les moyens du bord. Finalement, les choses se sont en général bien passées. L'expérience de l'autarcie italienne, sous Mussolini, constitue un autre exemple encore plus caractéristique. Le manque criant de matières premières a amené l'État et l'industrie à faire du recyclage systématique et de l'allongement de la durée de vie des objets un devoir patriotique. La pénurie de l'économie de guerre a permis aux ingénieurs de prendre leur revanche sur les commerciaux, puisqu'il n'y avait plus de problème de débouchés. Seulement, dès la prospérité revenue, avec la menace de surproduction le marketing a repris ses droits [1].

1. Marino Ruzzenenti, *L'autarchia verde*, Milan, Jaca Book, 2011.

Aux États-Unis, la situation est différente et plus complexe. Parmi certains traits puritains qu'il a fallu combattre pour développer la société de consommation figurait une résistance aux arts décoratifs qui se sont développés en Europe dans les années folles et qui sont à l'origine du *design*. Mais, dans le même temps, l'abondance naturelle poussait au gaspillage, et donc à la surconsommation. « Pendant le début de leur histoire et au cours du XIXe siècle, note Louis Jones, directeur de l'Association d'histoire de l'État de New York, les Américains se sont révélés très prodigues de leurs ressources naturelles, en particulier les bisons et les arbres qui abondaient à cette époque. Je crois que, depuis la Révolution, la prodigalité est sans cesse présente dans l'histoire de notre peuple comme un fil de couleur vive à travers la trame d'un tissu [1]. » Néanmoins, dans la tradition puritaine de Benjamin Franklin, on note que les États-Uniens ont toujours aimé se considérer comme un peuple économe, travailleur, craignant Dieu et prêt à faire des sacrifices pour l'avenir [2]. Ils sont, selon Ernest Dichter, de l'Institute for Motivational Research, prisonniers d'une toile d'araignée faite de concepts moraux et de traditions qui décrivent la vie comme une succession de souffrances, de tourments et de peines. Il convient donc, pour lui, de changer tout cela : « La gaieté, le plaisir

1. Cité *in* V.P., p. 52.
2. *Ibid.*, p. 161.

et le bonheur ne doivent plus être considérés comme immoraux. [...] Apprendre à accepter le *fardeau* d'une vie agréable est un des problèmes psychologiques les plus passionnants de notre temps[1].» Ces apôtres de la jouissance se sont transformés en réformateurs, propageant l'évangile du consumérisme avant tout par des campagnes publicitaires ciblées. L'idée de base de la publicité fondée sur la honte est que le désir de ne pas perdre la face peut être manipulé pour produire la consommation ostentatoire. Vance Packard va jusqu'à parler à ce propos de «manipulationisme[2]»!

Le succès de la nouvelle religion finit par être total, et il semble bien que toutes ces techniques aient réussi à libérer l'États-Unien de ses complexes puritains de sobriété et d'économie[3]. Finalement, il s'est produit, selon Pierre Martineau, un renversement complet; on est passé d'une conception de vie basée sur la sécurité et l'économie à un comportement dépensier axé sur la satisfaction immédiate[4].

1. Cité *ibid.*, p. 162. Ernest Dichter ajoute: «Au début du XXe siècle encore, ces inhibitions puritaines empêchaient les citoyens de jouir de toutes ces richesses nouvelles et prodigieuses que les marchands et les entrepreneurs ne demandaient pas mieux que de leur procurer. Vers 1950, les hommes d'affaires s'efforcèrent d'encourager par tous les moyens les consommateurs à se montrer plus sybarites.»
2. V.P., p. 51.
3. *Ibid.*, p. 170.
4. Pierre Martineau, *The New Consumer*, cité *ibid.*, p. 171.

II. LE DOMAINE DE L'OBSOLESCENCE PROGRAMMÉE

S'il est relativement facile de dater l'émergence de l'expression *obsolescence programmée*, il n'en va pas de même pour la chose. Non seulement elle lui préexiste, mais surtout, si elle s'épanouit incontestablement aux États-Unis, elle a, nous l'avons vu, des antécédents européens. L'obsession de vendre – *the marketing question* – surgit comme telle à la fin du XIXe siècle. Toutefois, ce n'est qu'avec la première apparition du *jetable* que l'on peut dire qu'on a vraiment affaire à une planification de l'obsolescence. À partir de là, on assiste à la conquête progressive de la totalité du champ de la production par la logique du raccourcissement de la durée de vie des produits. Il est possible de distinguer cinq phases dans cette poussée conquérante : l'apparition du premier jetable dans le domaine des produits d'usage intime, la naissance du « modèle de Detroit », le développement de l'obsolescence programmée proprement dite, l'avènement de la date de péremption ou le triomphe du *nouveau jetable*, et enfin l'obsolescence alimentaire. Cet empire du jetable finit par toucher l'homme lui-même, dont on peut se demander si, au terme du processus, il n'est pas devenu obsolète à son tour.

1) La première apparition du *jetable*

Le jetable apparaît aux États-Unis, à l'époque de l'arrivée massive des migrants européens, avec les plastrons et les cols en papier pour hommes célibataires. En 1872 déjà, l'Amérique produit 150 millions de cols de chemise et de manchettes non lavables. Parmi les premiers objets jetables, on trouve aussi les préservatifs en caoutchouc ou en latex, dans les années 1880[1]. Les produits d'usage intime, avec des arguments de vente mobilisant l'hygiène et la commodité, semblent être le domaine privilégié où se développe ce que Giles Slade appelle fort justement la « consommation répétitive ». En 1895, King Camp Gillette invente le rasoir jetable, encouragé par William Painter, qui avait inventé et breveté, cinq ans plus tôt, la capsule pour boucher les bouteilles. Les femmes étant de grandes acheteuses, c'est surtout vers elles que s'orientèrent par la suite la conception et la publicité dans ce domaine en pleine expansion. En 1920, Kimberly-Clark introduit la serviette hygiénique jetable et, fin 1924, Albert Lasker lance le Kleenex. Les deux produits, d'abord conçus pour épuiser les stocks de coton cellulosique constitués pendant la Première Guerre mondiale, eurent la destinée que l'on sait. Puis en 1934 vint le tampon, connu sous le nom de sa principale marque commerciale, Tampax, et visant à

1. G.S., p. 18.

épargner aux femmes les inconvénients ancestraux des menstruations. On commença alors à jeter les vieux chiffons qui servaient auparavant à cet usage intime.

Les montres gousset à 1 dollar lancées en 1901 par deux fabricants, Waterbury et Ingersoll, peuvent aussi être considérées comme une forme de jetable, car la plupart des usagers préféraient en acheter une nouvelle plutôt que de perdre du temps à faire réparer celle qui était détraquée. Il s'agit pourtant d'un objet longtemps regardé comme un produit de luxe et que, jusqu'alors, on réparait soigneusement. On voit là un premier abaissement du seuil de résistance à l'achat du neuf. En ce sens, c'est une anticipation du jetable actuel, celui qui touche les équipements ménagers ou les ordinateurs. Cette innovation commerciale, qui n'avait été rendue possible que par une réduction extraordinaire des coûts, n'a cependant pas tenu au-delà de 1914. En effet, les deux fabricants furent confrontés à l'obsolescence non programmée, cette fois, de leur produit : les montres bracelet, devenues à la mode vers la fin de la Première Guerre mondiale mais qui ne deviendraient jetables à leur tour que dans les années 1960, reléguèrent les montres gousset obsolètes dans les vitrines des collectionneurs [1].

1. Cette histoire est racontée dans le livre de Sinclair Lewis, *Babbitt,* publié en 1922, cité *ibid.*, p. 15.

2) Le modèle de Detroit

En dépit de débuts prometteurs au commencement du siècle, l'obsolescence programmée ne devint centrale que dans les années 1920. « Comment puis-je organiser mon boulot, se demandait Edward Filene, magnat des grands magasins de Boston, de sorte que je sois assuré d'avoir un flux permanent et croissant de consommateurs ? » Une première réponse sera : les marques et l'emballage. Une deuxième : le jetable.

La transformation de l'automobile – équipement durable s'il en fut, tant par son coût élevé, qui en faisait un bien de luxe réservé à une élite, que par sa sophistication – en machine renouvelable au gré de la mode constitue une étape décisive dans le développement de l'obsolescence programmée et dans la promotion des marques. L'histoire commence avec la concurrence acharnée entre deux capitaines d'industrie, Henry Ford et Alfred Sloan, le patron de General Motors. Ford avait compris l'intérêt de la production de masse. En appliquant au montage des automobiles le principe du travail à la chaîne qu'il avait observé dans les abattoirs de Chicago, il pouvait réduire les coûts de fabrication jusqu'à rendre le produit accessible à des ouvriers bien payés. Toutefois, de par son éducation puritaine, il restait viscéralement attaché à la durabilité et à la solidité des produits. La voiture n'était pas un col en papier jetable, mais un équipement conçu pour un usage prolongé et qui devait être robuste.

En 1923, Alfred Sloan décide de s'attaquer au monopole de la Ford T. Il comprend qu'il ne fera pas mieux que son rival en termes de mécanique, mais, à défaut d'une supériorité technique, il possède le génie du marketing. Pour faire du profit, l'obsolescence psychologique est plus importante que l'obsolescence technique : elle coûte beaucoup moins cher à introduire et on peut la produire en quelque sorte à la demande [1]. La clientèle féminine a eu un rôle déterminant dans cette évolution, pour des raisons simples. La Ford T n'était ni très confortable, ni très commode (il fallait la faire démarrer à la manivelle), ni très séduisante dans son allure et sa couleur. On se rappelle la boutade d'Henry Ford : on peut la choisir de n'importe quelle couleur, pourvu qu'elle soit noire… General Motors décida de lancer un nouveau modèle tous les ans et de pousser les Américains à changer de voiture tous les trois ans, le temps qu'ils remboursent l'emprunt contracté pour acheter la précédente. La bataille fut acharnée. Ford tenta de résister, mais en 1932, après des pertes successives, il se résigna à adopter la même stratégie que son concurrent. « Notre principal travail, dira plus tard Harley Earl, de la division Cadillac de General Motors, est de hâter l'obsolescence. En 1934, le changement de voiture se faisait en moyenne tous les cinq ans : maintenant [en

1. *Ibid.*, p. 36.

1955], c'est tous les deux ans. Quand ce sera un an, on aura un résultat parfait [1]. »

Comme on l'a vu, c'est à la même époque que se mirent en place le cartel de l'ampoule et le comité des 1 000 heures. Grâce à une politique de marque, de *design* et de publicité, l'industrie automobile faisait la démonstration qu'on pouvait obtenir le même résultat qu'avec l'introduction d'une défaillance technique. On s'orientait ainsi vers une synthèse des différentes formes d'obsolescence.

3) L'obsolescence progressive

En 1928, Justus George Frederick, annonceur/publicitaire, fut le premier à introduire le concept d'obsolescence *progressive* dans un article clef de la revue *Advertising and Selling*. « Nous devons inciter les gens, écrit-il, à acheter des produits de consommation sur le même principe qu'ils achètent maintenant des automobiles, des radios et des vêtements, à savoir : acheter des produits non pour les user, mais pour faire du commerce ou les mettre au rancart peu après. [...] Le principe de l'obsolescence progressive signifie acheter pour être dans le coup, efficace ou à la mode, acheter pour [...] le sens de la modernité plutôt que simplement pour utiliser jusqu'au bout [2]. » Son objectif

1. Cité *ibid.*, p. 45.
2. *Ibid.*, p. 58.

était de généraliser la pratique du modèle annuel inaugurée par Alfred Sloan afin de favoriser la consommation répétitive et de soutenir la croissance de toutes les branches de l'industrie.

Frederick fondait son argumentation sur les idées du publicitaire Paul Mazur ainsi que sur celles de Joseph Schumpeter. Ce dernier, dans son enseignement délivré aux États-Unis, avait en effet développé des thèses sur le cycle des affaires et sur le rôle des tempêtes d'innovations comme facteur de destruction créatrice pour sortir de la crise. Frederick retint cet aspect, mais y ajouta la dimension de l'obsolescence psychologique. Paul Mazur, de son côté, avait aussi assimilé les idées de Schumpeter, mais il allait plus loin. Après avoir présenté ses réflexions sur l'obsolescence psychologique devant le club des annonceurs de New York en 1928, il les développa dans son livre *American Prosperity: Its Causes and Consequences*, publié en mars de la même année. Attendre que les produits soient usés pour en acheter des neufs serait un processus beaucoup trop lent pour les besoins de l'industrie américaine.

C'est ainsi que les grands prêtres des affaires choisirent un nouveau dieu du foyer : l'obsolescence[1]. En 1929, la femme de J. George Frederick, Christine, publia *Selling Mrs. Consumer*, qui connut un succès durable. Les femmes, expliquait-elle, sont de beaucoup

1. *Ibid.*, p. 60.

plus grandes consommatrices de biens personnels que les hommes ; elles utilisent le principe de l'obsolescence beaucoup plus fréquemment et naturellement[1]. Dans les années 1930, l'obsolescence devint ainsi une idée familière, avec un champ d'application considérablement élargi. Le qualificatif « progressive » fut vite oublié, mais la pratique qu'il désignait se répandit. La stratégie du *business* se fonda de plus en plus sur l'obsolescence du style pour des produits aussi divers que les radios, les appareils photo, le mobilier, le matériel de cuisine, les chaussures pour homme, le matériel de plomberie, l'argenterie, les stylos, les briquets, les coffrets de cosmétique, etc. Avec la dépression, le mouvement s'accéléra, la direction de l'industrie américaine passant des mains des ingénieurs à celles des *designers*.

En 1932, Roy Sheldon et Egmont Arens réfléchissent à une façon de parler de la mise à la poubelle des produits sans y associer de connotations négatives. Ils proposent ainsi des expressions comme « déchet progressif » ou « rebut créatif ». « Utiliser les objets ne produit pas la prospérité, disent-ils. Les acheter, si. » Et ils inventent le terme *obsoletism*[2]. « L'inusable n'existe plus, déclare un détaillant. Il n'y a plus que du semi-inusable. En insistant sur le "semi". »

1. *Ibid.*, p. 61.
2. *Ibid.*, p. 66.

La liste des machines les plus fragiles, selon une enquête du Home Furnishings Daily citée par Vance Packard, révèle que l'obsolescence programmée a fini par atteindre tous les domaines ou presque :

1. Machines à laver
2. Réfrigérateurs
3. Séchoirs à linge
4. Postes de télévision
5. Combinés machine à laver-séchoir
6. Fourneaux et cuisinières
7. Climatiseurs
8. Congélateurs

Les sophistications apportées aux appareils ménagers font aussi partie de la stratégie de l'obsolescence programmée. En effet, les pannes sont partiellement dues à la prolifération d'accessoires qui bloquent totalement le fonctionnement de la machine lorsqu'ils se détraquent [1]. Comme dans le cas de la batterie de l'iPod, évoqué plus haut, la défaillance d'un accessoire est l'occasion de susciter un nouvel achat. Les appareils électriques les plus sujets à caution, suivant les experts, sont les grille-pain, les fers à repasser et les cafetières. En effet, tous sont montés avec un thermostat, objet fréquent de pannes [2].

1. V.P., p. 110.
2. *Ibid.*, p. 114.

Alors que je m'apprêtais à regagner ma maison des Pyrénées pour terminer la rédaction de ce livre, il m'est arrivé une mésaventure qui illustre cette perversion. La voiture est chargée, je suis sur le point de démarrer. Je veux remonter la vitre de ma portière : impossible. Le système de remontée électrique qui a remplacé, voilà quelques années, les bonnes vieilles manivelles ne fonctionne plus. Cette déconvenue, qui faisait suite à plusieurs autres du même genre, m'a décidé à acheter une voiture neuve, même si le moteur de l'ancienne fonctionnait encore parfaitement au bout de 150 000 kilomètres.

Rien n'empêche de les faire plus solides, reconnaissent les fabricants à propos des machines à laver (et il en est probablement de même des remonte-vitre...), mais il faudrait alors sacrifier du tape-à-l'œil et des accessoires inutiles pour conserver les prix actuels[1]. Or, dans un contexte de concurrence, ce n'est pas la stratégie gagnante. Cette forme renouvelée d'adultération des produits est désormais largement acceptée par les consommateurs.

4) La deuxième vague du jetable

Pour que le jetable puisse se généraliser à une part importante des produits manufacturés, deux conditions étaient nécessaires : l'abandon des habitudes

1. *Ibid.*, p. 110.

d'épargne des consommateurs et un abaissement significatif de la valeur des produits. Le mouvement contre l'épargne et les tendances conservatrices fut une première étape, ainsi qu'un précurseur essentiel de l'obsolescence psychologique, ou basée sur la mode, qui constitue la deuxième étape[1]. Nous avons vu que la propagande consumériste a fini par venir à bout des mœurs puritaines qui subsistaient encore dans la vieille Amérique. En ce qui concerne la dévalorisation des produits manufacturés, ce sont l'organisation scientifique du travail de Taylor et Ford, rendue possible par la chaîne de fabrication de travail non qualifié bon marché, et la concurrence de nouveaux venus, comme le Japon, qui permirent un abaissement considérable des coûts. Avec la mondialisation et l'émergence de la Chine comme manufacture de l'univers, le phénomène se rejoue aujourd'hui à une tout autre échelle, favorisant un développement inouï du jetable, au moment où l'épuisement des ressources naturelles nécessiterait au contraire une politique systématique de sobriété.

À la suite de l'invention par Paul Eisler, en 1935, des circuits imprimés, puis à celle des transistors en 1947, le poste de radio lui-même devient un produit jetable, puisque les plaquettes des circuits sont trop petites pour être réparées à la main. Motorola ouvre la voie dans les années 1950 avec sa radio de poche, qui

1. *Ibid.*, p. 27.

annonce l'ère des produits conçus pour ne pas pouvoir être réparés. C'est à ce moment que l'« obsolescence programmée » acquiert une dimension supplémentaire, celle de *date de péremption* (*death dating*), qui devient même bientôt sa signification première [1]. Levitt, qui fut un élève de John Kenneth Galbraith, introduit alors l'expression « cycle de vie du produit » par analogie avec le processus darwinien d'extinction des espèces, l'obsolescence planifiée devenant, en quelque sorte, un phénomène naturel.

L'obsolescence programmée et l'idéologie du jetable finissent par conquérir des domaines inattendus, comme la culture. Dans les années 1930 commence à se développer la consommation accélérée de films et de livres grâce à une politique de prix et de concours, ainsi qu'à la vogue des *best-sellers*.

Vers 1950, Harley Earl, de General Motors, invite ses collègues des Arts ménagers à partager la formule magique d'une éternelle prospérité : « L'introduction de la mode dirigée dans les autres branches d'activité est une des plus grandes chances offertes à l'industrie [2]. » C'est ce qu'on appelle l'« influence de Detroit ». Il faut rénover sa cuisine, sans aucune nécessité technique, uniquement pour avoir une cuisine à la mode. Pourquoi ne pas faire de même avec sa maison ? se demande alors l'un des plus grands entrepreneurs du bâtiment

1. *Ibid.*, p. 113.
2. *Ibid.*, p. 122.

des États-Unis, qui commence à présenter de nouveaux modèles de bungalows tous les six mois[1]. Dans la foulée, Corporate Research va jusqu'à proposer un équipement de camping en papier comprenant tente et sacs de couchage, à jeter après usage[2]. On se rapproche ainsi de la cité utopique de Pléthore imaginée par Vance Packard, où, « chaque printemps et chaque automne, on abattra les maisons de papier mâché pour les reconstruire aussitôt et s'épargner ainsi la fatigue du grand nettoyage ». Dans ce monde de rêve (pour les producteurs), même les voitures, faites d'un plastique spécifique, se décomposent au bout de 6 000 kilomètres. Toute personne qui rapportera sa vieille voiture recevra un bon du Trésor « Prospérité par l'expansion » de 100 dollars. Il touchera une prime supplémentaire s'il rend quatre voitures par famille. Notons qu'une fois de plus la réalité a fini par rejoindre la fiction, puisque cela correspond très exactement au principe de la *prime à la casse* que certains pays industrialisés, dont la France, ont mis en œuvre ces dernières années. En soulignant – argument publicitaire additionnel – qu'il s'agit d'une opération écologique, puisque les nouveaux modèles consomment moins. Cela n'est pas faux, et la réduction pourrait être encore plus forte si l'on renonçait à toute une série de gadgets énergivores. Mais, pour compenser le gaspillage énergétique

1. *Ibid.*, p. 124.
2. *Ibid.*, p. 55.

que représente la mise à la casse de la vieille voiture, il faudrait conserver le nouveau modèle pendant des décennies. Quoi qu'il en soit, le consommateur se laisse volontiers prendre et, mi-dupe mi-complice, s'achète une bonne conscience à moindres frais.

5) L'obsolescence alimentaire

Le développement du plastique dans les années 1960 pour les emballages, récipients et contenants divers a révolutionné les pratiques, entraînant une explosion du jetable, avec le consentement tacite ou l'adhésion enthousiaste des usagers. Ce n'est pas le plastique en soi qui interdit la consigne, puisqu'en Amérique du Nord cette pratique a survécu longtemps pour les bidons de plastique d'un gallon (4 litres et demie) dans lequel était livré le lait aux particuliers, mais l'air du temps. La pratique des consignes, si respectueuse des ressources, est devenue obsolète, de même que les pots de grès, les jarres de terre cuite, les bocaux et les bouteilles de verre qui servaient à conditionner les boissons, les yoghourts, les confitures, les fruits et les légumes en conserve. Même si la consigne reste utilisée pour le lait en Amérique du Nord, cela fait figure d'exception. La pratique du contenant jetable a fini par contaminer les récipients faits des matériaux les plus divers : cannettes d'aluminium, bidons de fer-blanc, bouteilles de verre, cagettes de bois, etc. Surtout, elle a favorisé le conditionnement pour la grande distribution, avec, en conséquence, une augmentation exponentielle du volume des emballages dans les poubelles. La voie était ainsi ouverte à l'introduction de l'obsolescence programmée des denrées alimentaires [1].

Vance Packard et même Giles Slade sont loin d'avoir anticipé l'extraordinaire *succès* de la date de péremption lors de sa migration dans le champ de l'alimentation, et ce pour trois raisons : d'abord, parce qu'il s'agit d'un phénomène récent (il est apparu bien après la publication du livre de Packard) ; ensuite, parce qu'il s'agit d'une forme de gaspillage bien particulière, qui ne ressortit pas au domaine des produits industriels durables étudié par Slade et constitue donc un cas atypique d'obsolescence programmée ; enfin, parce que ce nouveau jetable s'est développé de façon fulgurante en Europe à la faveur des réglementations bruxelloises, de la PAC et de l'explosion des chaînes de grande distribution. Toutes les études menées en Italie, en France, au Royaume-Uni et dans les autres pays européens convergent : de 30 à 50 % des produits alimentaires (viande emballée sous vide, produits congelés, plats surgelés) sont mis en décharge avant la vente par les centres commerciaux ou jetés à la poubelle par les acheteurs du fait du dépassement de la date de péremption.

1. Serge Latouche, « Le revers de la production », *Traverses*, n° 12 (Le Reste 2), octobre 1978.

Il existait auparavant des formes de destruction massive de denrées alimentaires, auxquelles les économistes avaient donné le nom savant de *dardanisme*[1]; le café brésilien brûlé dans les chaudières des locomotives dans les années 1930 en est resté l'exemple le plus célèbre. Aujourd'hui encore, on détruit presque chaque année des stocks entiers de fruits et légumes – artichauts bretons aspergés de gasoil, tonnes de pêches jetées dans la Durance, hectolitres de vin languedocien déversés dans les caniveaux de Narbonne, abattage de bétail livré à l'équarrissage, etc. Toutefois, ce type de destruction, destiné à faire remonter les cours, ne se produit qu'en cas de crise saisonnière ou conjoncturelle. L'obsolescence programmée des denrées alimentaires est quelque chose de tout à fait différent. À son origine, on trouve la surproduction systématique de l'agriculture productiviste. Cependant, ce ne sont plus désormais les agriculteurs qui en sont les principaux responsables, mais, d'une part, l'*agrobusiness* (semenciers, complexe agro-chimique, industrie agro-alimentaire) et la grande distribution, et, d'autre part, les réglementations sanitaires bureaucratiques. Tous les maillons de la chaîne sont plus ou moins complices, chacun y trouvant son

1. « Destruction des stocks excédentaires ou leur dénaturation : ce mot servait autrefois à désigner la pratique des monopoleurs, qui, afin de gagner davantage, procédaient à une limitation délibérée de la production ou à une suppression volontaire d'objets utiles. » Jean Romœuf (dir.), *Dictionnaire des sciences économiques, op. cit.*

intérêt, à l'exception du dernier : le consommateur. Les agences de sécurité alimentaire travaillent main dans la main avec les lobbies de la filière agro-industrielle et ont tendance, en invoquant le principe de précaution, à fixer des normes contraignantes et des délais excessivement courts (sans véritable garantie sanitaire, d'ailleurs), ce qui stimule la production et la vente. Or il ne semble pas qu'on ait constaté de graves problèmes d'intoxication parmi les « bénéficiaires » des produits périmés (SDF ou squatteurs).

Sans doute convient-il de faire la distinction entre ce qui est rejeté par la distribution et ce qui est jeté par les consommateurs. Le gaspillage des consommateurs, parfois évalué à 30 % du total à lui seul, est favorisé par la dévalorisation massive des produits alimentaires industriels, par l'organisation de la distribution et de la vie dans les grands centres, et, bien sûr, par la publicité. On va à l'hyper- ou au supermarché en voiture une fois par semaine (par exemple, le week-end), on remplit son Caddie en profitant des promotions, on met les achats au congélateur ou au réfrigérateur, on les réchauffe le moment venu au micro-ondes, et, périodiquement, on s'aperçoit que certains produits sont périmés. Ce système profite à la fois aux producteurs et aux distributeurs, et peut effectivement être considéré comme une forme d'obsolescence programmée [1].

1. « Si une date limite de consommation chasse l'autre, c'est parfois moins par précaution sanitaire que pour entretenir le

Les rejets des vendeurs, évalués eux aussi à 30 %, sont d'une nature un peu différente. S'ils sont avantageux pour le producteur, il est clair qu'ils représentent un coût pour le distributeur. Celui-ci tente d'ailleurs de s'en affranchir, soit en trichant – de temps à autre, des contrôleurs zélés mettent en évidence certains abus –, soit en reportant le coût sur le producteur – c'est la politique des centrales d'achat. Des tentatives existent pour limiter les dégâts et les pertes en écoulant les produits dont la date de péremption approche auprès d'organismes caritatifs (banques alimentaires, Restos du cœur, petites sœurs des pauvres…) ou en les vendant à prix cassés, ce qui permet de bénéficier d'une image de bienfaiteur de l'humanité. Un collègue italien ingénieux, Andrea Segre, a organisé avec succès sous le nom de *Last Minute Market* un réseau de récupération pour une utilisation immédiate de ces produits, soit dans les circuits de bienfaisance, soit dans des restaurants alternatifs [1]. Pour louable qu'elle soit, cette initiative n'a pas mis fin au scandale des monceaux de nourriture mis

rythme d'obsolescence souhaité par le commerce. » Patrick Piro, « Gaspillage alimentaire, l'ampleur du scandale », *Politis*, 12 juillet 2012.

1. Andrea Segre, *Last Minute Market. La banalità del bene e altre storie contro lo spreco*, Bologne, Edizioni Pendragon, 2010. Voir aussi Andrea Segre et Luca Falasconi, *Il libro nero dello spreco in Italia : il cibo*, Milan, Edizioni ambiente, 2011, et *Il libro blu dello spreco in Italia : l'acqua*, Milan, Edizioni ambiente, 2012.

en décharge, car ce gaspillage est structurel[1]. Ceux qui ont vu le film de l'Autrichien Erwin Wagenhofer, *We Feed the World* (2007), se souviendront de cette image : des montagnes de pains invendus mis à la poubelle par les supermarchés à Vienne, à deux jours de leur date de péremption. Cette masse, évaluée à deux millions de kilos par jour, suffirait, nous dit-on, à nourrir la deuxième ville d'Autriche, Gratz. En France, c'est à 50 000 tonnes par jour en moyenne que l'on évalue le gaspillage alimentaire.

Accessoirement, il convient de signaler que le productivisme dans l'agriculture et la grande distribution est largement responsable de l'obsolescence de toutes les variétés de fruits et légumes qui ont disparu des étals (et aussi de la diversité des races animales).

Finalement, l'idéologie du jetable s'insinue partout comme un poison. Tout peut devenir jetable, même le fonctionnement de la société et des institutions. Alexis de Tocqueville avait déjà diagnostiqué une « obsolescence » de l'honneur[2]. L'extension illimitée du champ du jetable pourrait bientôt nous conduire à penser que les mariages, la citoyenneté et les autres relations personnelles ou sociales sont des articles jetables, tout

1. Pour la France, ce qui est récupéré par les banques alimentaires est dérisoire : 87 000 tonnes sur plus de 18 millions de tonnes rejetées annuellement (*Politis*, 12 juillet 2012).

2. Cité *in* Philippe Chanial, *La Sociologie comme philosophie politique et réciproquement*, Paris, La Découverte, 2011.

autant que, à une échelle globale, des pays. D'ores et déjà, des sous-continents entiers sont considérés comme étant à disposition, comme des Kleenex[1]. Le stade ultime n'est autre que l'obsolescence de l'homme lui-même.

1. G.S., p. 228.

CHAPITRE III

L'obsolescence programmée est-elle morale ?

La question de la moralité de l'obsolescence programmée peut paraître incongrue. Depuis belle lurette, dans l'économie moderne sinon dans la société elle-même, la question du bien et du mal est devenue elle aussi *obsolète*, comme le note Günther Anders [1]. Ce qui est bon pour General Motors n'est-il pas bon pour les États-Unis ? Et ce qui est bon pour les États-Unis n'est-il pas bon pour le reste du monde ? Puisque l'obsolescence programmée est bonne pour General Motors, elle est bonne pour les États-Unis et pour l'humanité entière. Une fois dépassés certains seuils, notre pouvoir de faire excède infiniment notre capacité de sentir et d'imaginer. Cet écart irréductible, qu'Anders nomme le *décalage prométhéen*, anesthésie littéralement notre sens moral. Cependant, face à la menace que l'illimitation fait peser sur la survie même de l'humanité, la

1. Günther Anders, *L'Obsolescence de l'homme*, *op. cit.*, p. 241.

question de la moralité de l'obsolescence programmée doit être posée.

Historiquement, cette question a été abordée de manière latérale sous trois angles différents : celui des conséquences sociales, celui de la déontologie des ingénieurs et, finalement, celui de l'obsolescence de l'homme.

I. LE RÔLE SOCIAL DE L'OBSOLESCENCE PROGRAMMÉE

Tout avait déjà été dit par Lafargue : réduire artificiellement la durée de vie des produits est une des conditions de l'emploi, donc du bien-être social. Mais Lafargue insinuait cela sur le mode ironique, et finalement on ne sait pas trop comment il fallait l'entendre. Pour les États-Uniens, en revanche, il n'y a aucun doute. Puisque l'économie moderne est structurellement dépendante de la croissance économique pour sa stabilité, quand la croissance chancelle – comme elle l'a fait de façon dramatique pendant la Grande Dépression – les politiciens paniquent, les entreprises luttent pour leur survie et recherchent désespérément des clients, tandis que les travailleurs perdent leur emploi. Tout doit être alors fait pour susciter la consommation : l'obsolescence planifiée devient une nécessité pour lutter contre le chômage.

C'est à Bernard London qu'il revient d'avoir poussé jusqu'au bout le raisonnement et d'en avoir tiré les conséquences en termes de politique économique. Juif originaire de Russie, où il avait été entrepreneur dans le bâtiment avant de fuir les pogroms, Bernard London fit fortune comme agent de change à Manhattan. Franc-maçon et philanthrope, il avait des sympathies socialistes. Ainsi, son plaidoyer pour la consommation forcée vise moins la prospérité des capitalistes que, à travers celle-ci, le bien-être des masses populaires. Il publie en 1932 un court pamphlet intitulé « Mettre fin à la dépression grâce à l'obsolescence programmée » (*Ending the Depression through Planned Obsolescence*). On ignore s'il a inventé l'expression ou si elle était déjà utilisée dans le monde des affaires ; toujours est-il qu'avec lui elle entre dans le débat public. Notons que, la même année, Aldous Huxley publie son *Brave New World* (*Le Meilleur des mondes*), avec lequel l'utopie de London n'est pas sans résonance. En effet, dans ce récit, on inculque aux enfants à travers l'hypnopédie (ou endoctrinement durant le sommeil) qu'il vaut mieux jeter que réparer (« *Ending is better that mending* »). « Comme la technocratie, remarque Giles Slade, l'obsolescence programmée fut conçue au cours de l'année désespérée de 1932 [1]. »

Pour Bernard London, l'argumentaire est systématique. La crise, constate-t-il, amène les gens à utiliser les objets plus longtemps alors qu'auparavant ils avaient peut-être une tendance excessive à les jeter. Le gouvernement devrait donc assigner une durée

1. G.S., p. 72.

de vie aux chaussures, aux maisons et aux machines, à tous les produits manufacturés, au moment de leur création. Des ingénieurs compétents pourraient déterminer la durée de vie optimale de chaque objet – par exemple, cinq ans pour une voiture, vingt-cinq ans pour un logement. Pour London, l'obsolescence programmée ne consistait donc pas à introduire frauduleusement une défaillance technique dans le produit, comme le faisait le cartel des ampoules. Elle résultait d'une décision d'experts. Bien que Roosevelt ait choisi une autre voie pour sortir l'Amérique de la crise, la leçon de London a certainement contribué à propager l'idée selon laquelle l'obsolescence programmée est une nécessité, et sans doute aussi à désamorcer les protestations des consommateurs, ceux-ci étant d'autant plus complices qu'ils sont souvent en même temps des salariés de l'industrie.

«La désuétude systématique… panacée des marchés engorgés[1]?» interroge encore un article en 1950. «La limitation systématique de la durée de vie d'un produit, selon E.S. Stafford, directeur éditorial de la revue *Design News*, peut devenir un facteur aussi efficace pour la relance de l'économie américaine que la vente à crédit.» En conséquence, il faut encourager les techniciens à travailler dans ce sens. C'est effectivement ce qui s'est fait, et ce qui continue très largement à se faire[2].

1. Cité *ibid.*, p. 69.
2. *Ibid.*, p. 72.

L'obsolescence programmée participe de la cohérence systémique de la société de consommation. Sans une limitation drastique du cycle de vie du produit, le keynéso-fordisme des Trente Glorieuses – la période la plus sociale, sinon la plus socialiste des temps modernes – serait bancal. Il n'est pas exagéré de dire que la civilisation du jetable a été la condition du triomphe réformiste de la social-démocratie au cours de cette période. La production de masse permet un abaissement des coûts qui met les produits à la portée du grand public, mais, pour maintenir des profits élevés, la demande doit être constamment renouvelée et ne peut plus l'être par l'élargissement d'un marché déjà saturé. Le cycle idéal du produit est une durée de vie égale à la durée de garantie légale et à celle de l'emprunt contracté pour l'acquérir. La garantie est ainsi une arme à double tranchant : elle assure le client d'une durée minimale de fonctionnement, mais autorise aussi le fabricant à en faire la durée de vie maximale du produit.

L'obsolescence *raisonnable*, justifiée par la nécessité économique pour le bien-être de tous, ne serait donc pas immorale. Est-elle morale pour autant? Indépendamment de sa valeur éthique intrinsèque, sur laquelle nous allons nous pencher, il y a aussi des raisons économiques de douter de sa justification sociale, ou du moins de la relativiser. On oublie de mettre dans la balance le fait que l'obsolescence détruit toute une série de petits métiers, tels ces bricoleurs de génie qui rafistolaient les grille-pain, les bouilloires électriques, les appareils de radio et de télévision, ou encore les horlogers qui réparaient les montres anciennes et qui, même à Genève, se font désormais rares. Au final, les emplois supprimés l'emportent parfois sur les emplois maintenus.

II. L'OBSOLESCENCE ET L'ÉTHIQUE

Le même Stafford qui plaidait pour relancer l'économie par l'obsolescence programmée écrit en 1958 : « Il est particulièrement intéressant d'apprendre d'un ingénieur haut placé d'une société fabriquant des appareils de radio portatifs que son produit est conçu pour ne pas durer plus de trois ans. » Il se demande alors si « le projet de concevoir une défaillance technique *à dessein* est contraire à l'éthique ». La réponse suggérée dans l'article est clairement négative. « D'abord, si les radios portatives devaient durer dix ans, le marché pourrait être saturé bien avant que les nouvelles ventes ne puissent soutenir la fabrication continue de masse, obligeant ainsi les fabricants à produire autre chose. Deuxièmement, l'utilisateur se verrait refuser les bénéfices des progrès accélérés si le produit était conçu pour durer longtemps[1]. » Comme on le voit, le diable n'est jamais à court d'arguments !

1. Cité *ibid.*, p. 164.

Sur ce sujet, il y eut néanmoins un rude conflit entre les ingénieurs et les managers. Ainsi, pour George Romney, d'American Motors, qui se plaçait du point de vue des ingénieurs, « cette création annuelle d'articles simplement camouflés pour paraître meilleurs n'est qu'une monumentale déviation de la recherche technique [1] ».

En février 1960, la revue *The Rotarian* titre en couverture : « L'obsolescence programmée – est-ce *fair*? Oui ! répond Brooks Stevens. Non ! répond Walter Dorwin Teague ». Ce dernier, célèbre *designer* et cofondateur de l'Association des *designers* industriels en 1944, écrit : « Quand le *design* se prostitue de cette façon, sa propre logique disparaît et de drôles de résultats apparaissent [2]. » Il poursuit : « La pratique consistant à démoder les modèles antérieurs alors que les nouveaux modèles n'ont rien de mieux à apporter est connue comme *obsolescence programmée* ou *obsolescence artificielle*; ce dernier terme est plus approprié, mais le plus approprié serait encore tout simplement *escroquerie*. » Il oppose à la conception de Stevens, favorable à l'obsolescence, celle de Ford, qui cherchait à fabriquer les meilleures choses pour le moins cher possible [3].

1. Cité *in* V.P., p. 278.
2. G.S., p. 170.
3. *Ibid.*, p. 171.

Harold Chambers, ingénieur de Remington Rand, défendit la même position : « Je doute fortement que qui que ce soit parmi nous désire appliquer ce *principe* de la défaillance à court terme planifiée pour son propre achat, que ce soit sa maison, son auto, son piano ou les autres biens durables impliquant une dépense considérable. [...] Qui doit décider jusqu'à quel point le "court terme" doit être court ? [...] L'éthique, l'honnêteté, la vérité et autres principes intangibles ne sont pas modifiables par les directives du management !!! La stimulation artificielle fondée sur de tels plans délibérément malhonnêtes est certainement une compromission avec l'éthique[1]. » Un autre intervenant au débat écrit, à propos de la pratique de la date de péremption, qu'il s'agit carrément d'un comportement « malhonnête, immoral et autodestructeur à la fois économiquement et politiquement », et même d'un « crime contre la loi naturelle de Dieu en ce que nous gaspillerions ce qu'Il nous a donné[2] ».

Dans l'autre camp, on trouve l'expert économique et financier de Chicago Theodor Levitt, qui exhorte les hommes d'affaires à ne pas se soucier des conséquences culturelles, spirituelles, sociales et morales de leurs actes. L'homme d'affaires n'a qu'une raison d'être : créer et distribuer de quoi satisfaire la demande en faisant un bénéfice. Qu'il laisse donc à d'autres le

1. *Ibid.*, p. 166.
2. *Ibid.*

salut des âmes, la sauvegarde des valeurs spirituelles, la protection de la dignité humaine et du respect de soi [1] ! Au même titre que la *morale* d'Eichmann, consistant à exécuter sans discuter les instructions venues de l'organisation, c'est la porte ouverte à la banalisation du mal.

Le fait que les lobbies n'obéissent qu'à l'éthique du profit ne rend absolument pas moral le comportement du producteur quand les effets de cette déontologie du *business* sont dommageables à la société et à l'environnement, donc aux générations futures. L'élimination des tramways aux États-Unis et en Europe en est une bonne illustration. Pourquoi, aux États-Unis, le tramway a-t-il été abandonné au profit de l'automobile ? La réponse ne réside pas dans la supériorité technique ou économique de la seconde sur le premier, mais dans une action de *business.* Dans les années 1920, General Motors, Firestone et la Standard Oil de Californie se sont efforcés de convaincre l'opinion publique d'opter, en matière de transports urbains, pour une solution polluante, inefficace et extrêmement coûteuse. L'intermédiaire chargé de l'action fut une entreprise écran, la National City Lines, qui, progressivement, acheta et contrôla les compagnies qui possédaient les tramways dans des dizaines de villes (New York, Los Angeles, Philadelphie, Saint Louis, etc.). On procéda ensuite à leur démantèlement au profit

1. Cité *in* V.P., p. 238.

d'autobus achetés par un fournisseur appartenant au trio GM-Firestone-Standard Oil. Enfin, parallèlement, on mena une action politique à travers le lobby de la National Highway Users Conference afin de promouvoir, avec succès, la construction d'autoroutes [1]. Le programme dura trente ans, fut finalement condamné comme conspiration criminelle, et les firmes durent payer une amende ridicule de 5 000,00 dollars. Évidemment, cela ne fit pas revenir les tramways... La disparition des trams en Europe n'est pas aussi bien documentée, mais elle n'est probablement pas plus innocente. Ainsi, les trolleybus ont été développés en Italie pendant la période fasciste pour utiliser la houille blanche et économiser l'essence. « Reste à se demander, explique Marino Ruzzenenti, pourquoi on a procédé après la guerre au démantèlement insensé de ce moyen de transport, comme d'ailleurs d'une bonne partie du réseau de tramway [2]. » Comme on le sait, avec la menace de la fin du pétrole et l'engorgement des centres-villes, ce système *désuet* redevient à la mode un peu partout dans le monde.

Finalement, avec l'obsolescence programmée, c'est l'éthique elle-même qui devient obsolète. Comme l'écrit un objecteur de croissance italien, « un consumérisme synonyme de braderie, de soldes, d'offres à

1. Cité dans la présentation de l'édition française du livre d'Edward Bernays, *Propaganda*, Paris, La Découverte, 2007, p. 21.

2. Marino Ruzzenenti, *L'autarchia verde, op. cit.*, p. 191.

prix cassés, de rabais, d'escompte, d'offres spéciales, de promotions, etc., a fini par nous transmettre un esprit de liquidation, de dévaluation et de perte des valeurs ainsi que du sens de la vertu, des principes et des idéaux. L'honnêteté, la moralité, l'intégrité, la loyauté, la respectabilité, le sérieux, la décence, la correction [...] tout cela finit dans un supermarché des valeurs, tout devient relatif et facultatif, tout est à vendre et en même temps tout est dévalorisé [1] ».

III. L'OBSOLESCENCE DE L'HOMME

La vision *mécaniste* des temps modernes nous ayant habitués à considérer l'homme lui-même comme une machine, il est inévitable que l'on s'interroge aussi sur ses défaillances techniques. Effectivement, l'individu humain est, selon les médecins et les biologistes, sujet à une obsolescence programmée. Sa date de péremption est fixée. Déjà, avant l'échéance fatale, certaines pièces de l'ensemble, plus ou moins faciles à réparer ou à remplacer, tombent en panne. D'autres éléments au contraire, comme les ongles et les cheveux, continuent à fonctionner après la mise au rebut du spécimen. Toutefois, les mécanismes de vieillissement sont planifiés, si la machine est bien entretenue, pour permettre une durée de vie d'une centaine d'années, pas beaucoup plus (123 exactement, selon

1. Sur le site www.decrescita.it.

certains). D'après les éthologues, l'espèce humaine elle-même serait, comme toutes les espèces animales, programmée pour un temps limité. Il nous resterait environ 200 000 ans avant de devenir des fossiles et de laisser la place à d'autres.

Toutefois, lorsqu'on parle de l'obsolescence de l'homme, ce n'est pas vraiment dans ce sens – celui d'une défaillance technique intrinsèque – qu'on l'entend, mais dans celui d'un dépassement extrinsèque du fait de l'extraordinaire et inquiétant développement des techniques. On assiste en effet à un raccourcissement brutal du cycle de vie des produits, que même Vance Packard n'avait pas prévu. Il avait fallu vingt ans pour que l'ensemble des ménages soient équipés d'un poste de télévision en noir et blanc ; il n'en a fallu que sept pour le poste couleur. Quant aux inventions plus récentes, comme le téléphone portable, leur diffusion a été foudroyante [1]. Dans le domaine des nouvelles technologies, les innovations tournent sur trois ans. Avec la loi de Moore, qui prévoit un doublement des capacités de traitement et de mémoire des ordinateurs tous les dix-huit mois et qui se vérifie depuis maintenant trente ans, l'obsolescence s'accélère [2].

1. Toutefois, le raccourcissement du cycle de vie du produit pose des problèmes, car l'innovation permanente rend les entreprises très instables. Voir Yann Moulier Boutang, *L'Abeille et l'Économiste*, Paris, Carnets Nord, 2010, p. 167.

2. Le secret, le brevet, le droit d'auteur, voire la marque, s'en trouvent fragilisés. Voir *ibid.*

On observe ainsi un écrasement du temps et un triomphe de l'éphémère, comme l'avait analysé Jacques Ellul : « Toute notre civilisation est éphémère. Si l'on se glorifie de consommer beaucoup, c'est qu'il faut jeter rapidement les objets fabriqués pour un usage rapide. On ne répare plus ; on jette. Le plastique, le nylon sont faits pour vivre à l'état neuf un laps de temps infime et, ne coûtant rien, sont détruits aussitôt que le brillant de la nouveauté s'est effacé. Les maisons sont construites pour la durée de leur amortissement ; l'automobile doit être remplacée chaque année. Et dans le monde esthétique nous ne bâtissons plus des cathédrales mais des films qui, œuvres d'art éminentes où l'homme s'est mis tout entier, où il a porté son message le plus profond, seront après quelques semaines oubliés, enfouis dans des cinémathèques où seuls des connaisseurs rarissimes pourront les rechercher. [...] Des trésors d'ingéniosité, des sommes immenses de travail, des passions d'hommes saisis par le sens de ce qu'ils font aboutissent à ces objets éphémères, dans tous les ordres d'activité, dont il ne restera rien. [...] Nous ne laisserons pas un silex taillé derrière nous [1]. » Cette « montée de l'insignifiance » naguère dénoncée par Cornelius Castoriadis atteint jusqu'au monde de la religion. Le « *Santo subito !* » – ce cri de la foule catholique à la mort de Jean-Paul II pour réclamer

1. Jacques Ellul, *L'Illusion politique* (1965), Paris, Éditions de la Table ronde, 2004, p. 84-85.

sa canonisation immédiate, envers et contre toutes les traditions de prudence de l'Église – témoigne de l'obsolescence de la durée. Il n'y a plus que l'instantané, le tout, tout de suite.

La société dite «développée» repose ainsi sur la production massive de la déchéance, c'est-à-dire une perte de valeur et une dégradation généralisée tant des marchandises que des hommes. L'accélération du «jetable» transforme les premières en rebut, tandis que les seconds sont exclus ou licenciés après usage. Cela va des chômeurs, SDF, clochards et autres déchets humains jusqu'au PDG et au manager. William Morris le pressentait : «La société de l'ersatz continuera à vous utiliser comme des machines, à vous alimenter comme des machines, à vous surveiller comme des machines, à vous faire trimer comme des machines – et vous jettera au rebut, comme des machines, lorsque vous ne pourrez plus vous maintenir en état de marche[1].» Avec la Grande Dépression se fait jour l'idée que les machines rendent aussi l'homme obsolète. En 1932, la revue *Fortune* publie un essai anonyme qui l'expose pour la première fois : après quelques millions d'années d'usage, « [la] fonction honorable [de l'homme] en tant que producteur d'une énergie motrice première est désormais non seulement démodée, mais carrément

1. William Morris, *L'Âge de l'ersatz et autres textes contre la civilisation moderne*, *op. cit.*, p 137.

obsolète[1] ». Les différentes formes d'accélération engendrées par l'hypermodernité et les nouvelles technologies entraînent en contrepartie une augmentation continuelle du rythme d'obsolescence des expériences humaines, avec pour conséquence un raccourcissement des périodes susceptibles d'être définies comme appartenant au présent[2]. James Martin, de son côté, observe que « la demi-vie de la formation technique du personnel informatique est d'environ trois ans[3] ». Et il ajoute que, comme beaucoup de métiers passent par l'ordinateur, il en va de même pour eux... Les technologies les plus puissantes du XXIe siècle – la robotique, le génie génétique et les nanotechnologies – menacent tout simplement de faire de l'humanité une espèce en voie de disparition[4].

L'idée d'une obsolescence de l'homme du fait de la technique et de la technicisation du monde a vraiment émergé pour la première fois avec la menace que fait peser l'existence de la bombe atomique sur la survie de l'humanité. Le 18 août 1945, quatre jours après

1. G.S., p. 68.

2. Hartmut Rosa, *Accélération. Une critique sociale du temps*, Paris, La Découverte, 2011.

3. G.S., p. 187.

4. C'est aussi ce que soutient Bill Joy, l'inventeur du programme Java (le langage d'Internet), dans un article publié par la revue *Wired* en avril 2000 et au titre révélateur : « Why the Future Doesn't Need Us » (« Pourquoi l'avenir n'a pas besoin de nous »). Cité *in* Jean-Pierre Dupuy, *La Marque du sacré*, Paris, Carnets Nord, 2009, p. 77.

la reddition japonaise, Norman Cousins, traumatisé par l'expérience à laquelle il a participé, publie dans le *Saturday Review* un article au titre significatif : « Modern Man is Obsolete » (« L'homme moderne est obsolète »). L'homme, selon lui, est mal équipé pour accepter les bienfaits potentiels comme pour contrôler les dangers potentiels de l'énergie atomique, ce que les accidents postérieurs dans le nucléaire pacifique ont, hélas, démontré [1].

Cette obsolescence de l'homme du fait de la « standardisation de la catastrophe » avec la MAD (Mutually Assured Destruction) a été magistralement analysée par Günther Anders. Il parle de la « honte prométhéenne » que nous ressentons à cause de notre infériorité par rapport aux machines : « Nous sommes les seuls à avoir été ratés, les seuls à avoir été créés obsolètes [2]. » Günther Anders a intitulé le vingt-huitième chapitre de son *Obsolescence de l'homme* « Désuétude de la méchanceté ». Il y écrit que, avec le « syndrome de Nagasaki [...], l'histoire devint *obsolète.* Ce jour-là [le 9 août 1945], l'humanité est devenue capable de se détruire elle-même, et rien ne fera jamais qu'elle perde cette "toute-puissance négative", fût-ce un désarmement général, fût-ce une dénucléarisation totale du monde. *L'apocalypse est inscrite comme un destin dans*

1. Par la suite, il prit en charge les soins de 400 enfants orphelins victimes d'Hiroshima. Voir G.S., p. 146.

2. Günther Anders, *L'Obsolescence de l'homme, op. cit.*, p. 41.

notre avenir, et ce que nous pouvons faire de mieux, c'est de retarder indéfiniment l'échéance. [...] [P]uisque le sens du passé dépend des actes à venir, la mise en obsolescence de l'avenir, sa fin programmée, signifie non pas que le passé n'a plus de sens, mais qu'il n'en aura jamais eu [1] ». De là vient le concept de banalité du mal que lui a emprunté son ex-femme, Hannah Arendt, et qu'elle a popularisé. L'obsolescence programmée en est une parfaite illustration.

Certains scientifiques (Irving John Good, Vernor Vinge, Ray Kurzweil) anticipent cette obsolescence de l'homme avec jubilation. Cette disparition se réaliserait dans une assomption technoscientifique. C'est en particulier la thèse de la « singularité technologique », qui aboutit au transhumanisme. Extrapolant, sans doute hâtivement, à partir de la prétendue loi de Moore sur la croissance exponentielle des capacités des ordinateurs – non moins hâtivement baptisés « intelligence artificielle » –, ils prévoient la venue, avant 2020, de superordinateurs atteignant un *exaflops*, c'est-à-dire capables à leur tour de se reproduire et de concevoir des ordinateurs encore plus puissants et plus autonomes. À ce moment-là, l'homme n'aura plus de raison d'être et, privé de son pouvoir humain dans un monde ravagé par la pollution, il ne pourra plus survivre qu'en devenant à son tour une supermachine mi-biologique mi-informatique. Se rendre complice

1. *Ibid.*, p. 240.

de cette évolution est-il un crime contre l'humanité ? À ce stade, l'obsolescence de la morale ne permet même plus d'en juger.

CHAPITRE IV

Les limites de l'obsolescence programmée

L'obsolescence programmée est une forme de tromperie. Or l'expérience semble prouver qu'on ne peut pas tromper tout le monde indéfiniment. En particulier, le réel résiste à la manipulation : il nous revient sous la forme de crises ou de catastrophes. La réduction planifiée de la durée de vie des produits manufacturés se heurte à la résistance des consommateurs, mais plus encore aux limites de notre écosystème, en termes de ressources naturelles et de capacité de recyclage des déchets.

I. LES RÉACTIONS DES CONSOMMATEURS ET DES CITOYENS

Aux États-Unis, on l'a vu, c'est l'industrie automobile qui a ouvert largement la voie à l'obsolescence programmée; on a ainsi parlé du «modèle de Detroit» pour désigner la pratique consistant à pousser les consommateurs à changer de modèle tous les ans ou tous les deux ans, sans qu'il y ait de vraie modification du produit ni du comportement des acheteurs. Cependant, fin 1957, le lancement du premier Spoutnik par les Soviétiques fit prendre conscience aux États-Uniens que la supériorité de leur système militaro-industriel n'était pas aussi écrasante qu'on le leur avait fait croire. De ce fait, ils commencèrent à nourrir aussi quelques doutes sur l'équation « ce qui est bon pour General Motors est bon pour les États-Unis », qui s'était imposée à eux comme une évidence. Ils se détournèrent des créations excentriques de Detroit, des voitures clinquantes, monstrueuses et grandes consommatrices d'essence. Si les ventes restèrent stables dans les autres domaines, dans l'automobile – la technologie leader de l'époque – elles chutèrent de façon significative. La vogue des modèles géants s'épuisa. Les campagnes publicitaires n'y purent rien changer. La crise du pétrole et les encombrements urbains achevèrent d'avoir raison de cette folie des grandeurs. On ne peut pas éternellement régenter le goût du public. Le barrage construit par Detroit, victime de ses excès, céda brusquement avec l'irruption sur le marché des États-Unis des voitures compactes européennes à la fin des années 1950[1].

De même, la tentative pour rendre le modèle urbain traditionnel obsolète, au profit d'une ville sans piétons – projet qui n'a jamais réussi à s'implanter en

1. V.P., p. 46.

Europe continentale –, a partiellement échoué aux États-Unis, après des débuts pourtant promoteurs. Le journaliste George Nelson, en 1956, insistait encore sur la nécessité d'accélérer l'obsolescence urbaine : « La ville traditionnelle a été rendue obsolète par l'automobile. C'est un fait, cela est arrivé, mais cela n'a pas été planifié. » Il concluait qu'il convenait de s'y atteler : « Nous avons appris à utiliser l'obsolescence comme un outil prodigieux pour l'amélioration sociale dans ces domaines où nous avons à la fois le savoir et le pouvoir. [...] Ce dont nous avons besoin, c'est plus d'obsolescence, pas moins [1]. » Certes, bien que de plus en plus remis en cause, l'étalement urbain s'est poursuivi. Ce qu'on a appelé « la destruction des villes en temps de paix [2] » (la *bruxellisation*) est toujours en cours, en dépit d'oppositions très fortes, l'exemple emblématique en étant la destruction du centre urbain de Bruxelles. Toutefois, la maison *jetable* qui prévaut en Amérique du Nord ne s'est pas développée ailleurs de façon significative. La vieille conception artisanale de la construction durable – que traduit si bien la phrase du maçon qui travaillait à refaire ma maison : « Cela vous enterrera ! » – est loin d'avoir disparu.

En outre, des résistances de toute nature s'organisent contre la logique du gaspillage effréné. Les

1. Cité *in* G.S., p. 158.

2. Jean-Claude Michéa, *L'Enseignement de l'ignorance et ses conditions modernes*, Paris, Climats, 1999.

contestations sont alimentées par la crise écologique, même si elles restent très en dessous du niveau nécessaire à la remise en cause de la logique consumériste au sens large. En 1957, Vance Packard publie *The Hidden Persuaders* (traduit en français sous le titre *La Persuasion clandestine*), puis, en 1960, *The Waste Makers* (traduit en français sous le titre *L'Art du gaspillage*). Ces deux livres sont des best-sellers et vont certainement jouer un rôle important dans la montée en puissance des mouvements contestataires. L'action des associations de consommateurs qui naissent au cours de cette période crée un contrepoids non négligeable et débouche sur une législation protectrice concernant la qualité des produits, la transparence dans la fabrication et la durée de la garantie. La mobilisation des citoyens, magnifiée dans le film de Cosima Dannoritzer, est sans doute quelque peu amplifiée par Vance Packard, comme en témoigne la réponse de Mrs Brady, de l'Association des consommateurs, lorsqu'il lui demande quels sont les objets encore susceptibles de durer toute une vie : « Je n'en vois qu'un : le piano [1] ! »

Une cinquantaine d'années plus tard, en dépit de quelques victoires remportées par les adversaires de l'obsolescence programmée, la situation n'a guère changé. Les protestations continuent, mais les résultats restent modestes, comme on le voit dans le film *Prêt à jeter*. Ainsi, la plainte déposée contre Apple pour sa

1. V.P., p. 121.

batterie d'iPod d'une durée de vie programmée de dix-huit mois s'est soldée non par un procès, mais par un compromis de portée réduite : une demi-victoire. De même, l'histoire qui sert de fil conducteur au scénario révèle bien tout l'héroïsme de la lutte. On voit, dès les premières images, un jeune homme dont l'imprimante refuse de fonctionner. Les différents vendeurs sollicités conseillent un nouvel achat. Notre héros, têtu, décide de faire des recherches sur Internet pour comprendre d'où vient le problème. Et il finit par découvrir le pot aux roses : une puce électronique introduite à dessein pour bloquer la machine au bout de 18000 copies. Grâce à un logiciel mis au point par un internaute russe génial, il réussit à remettre son imprimante en marche à la fin du film.

Il est certain que l'apparition de forums de résistance sur Internet ouvre d'alléchantes perspectives, mais les effets, pour l'instant, sont encore limités. Alors même que je rédigeais cet essai, mon imprimante Epson 880 – déjà considérée comme une antiquité bien que je l'aie achetée il y a quatre ou cinq ans seulement – m'a trahi : ses têtes d'impression refusaient de me donner un résultat correct, en dépit de multiples nettoyages. Je n'ai pas eu le courage ni la patience de chercher une solution sur Internet et j'ai fini par acheter un nouveau modèle fabriqué en Chine, très bon marché mais fonctionnant avec des cartouches d'encre d'un coût effarant et qu'il faut renouveler constamment. Mon imprimante a donc rejoint les quatre précédentes, toujours en état de marche mais obsolètes parce que incompatibles avec les nouveaux modèles d'ordinateurs. Ces incompatibilités systématiques dans l'univers des objets industriels – et notamment des biens destinés au partage tels que les téléphones ou les ordinateurs – constituent aussi une obsolescence décidée par les fabricants. On retrouve là ce que les experts du développement appelaient dans ma jeunesse le « colonialisme du pas de vis », la forme la plus banale et la plus fruste de la dépendance imposée étant l'incompatibilité d'une vis et d'un écrou de même calibre du fait d'une différence de pas…

Là où pèche le magnifique livre de Vance Packard, c'est dans la partie consacrée aux remèdes. Ceux-ci ne sont pas à la hauteur du scandale dénoncé. Si l'ouvrage a le mérite de s'insurger contre les conséquences écologiques désastreuses de l'obsolescence programmée et de faire quelques suggestions intéressantes pour les limiter, il reste fort timide sur la lutte proprement politique à mener contre ce système. « *Caveat emptor !* Telle était la formule magique qui, suivant les économistes du passé, devait maintenir le juste équilibre entre le vendeur et l'acheteur[1]. » Acheter avec prudence : le conseil, qui remonte aux préteurs romains, est toujours valable, mais bien insuffisant – hélas ! – pour contrer le lavage de cerveau auquel nous soumet une publicité/propagande dont on a vu le rôle clef dans l'extension

1. *Ibid.*, p. 244.

de l'addiction consumériste. La feuille de route que Packard propose aux associations de consommateurs est pleine de bons sentiments, mais bien naïve. Pour lutter contre la confusion qui règne autour de la qualité des produits et des étiquettes, il serait utile, selon lui, tant pour le consommateur que pour le producteur, de pouvoir s'appuyer sur des normes de qualité acceptées par tous. Or, à l'époque où il écrit, il n'en existe pas, sauf pour le lait et les draps de lit[1]. Il faut donc favoriser la création de telles normes. Les fabricants devraient être les premiers à défendre les garanties, puisqu'ils les exigent eux-mêmes de leurs fournisseurs. «Aucun fabricant d'automobile, par exemple, ne choisirait son acier sur le vu d'une page de publicité dans un magazine!» Et pourtant, ils sont unanimement opposés à ce que soient fixés des standards de qualité[2]. En revanche, dans les domaines où des labels de qualité existent, ceux-ci auraient permis aux petits producteurs états-uniens de rafler les trois quarts des parts de marché en dix ans, au point qu'aujourd'hui les grandes firmes font campagne pour la suppression de ces labels[3]. On ne peut que se réjouir de cette victoire des petits contre les gros. Toutefois, on ne voit pas que le gaspillage et les abus aient sensiblement reculé dans l'Europe de Bruxelles, malgré la multiplication

1. *Ibid.*, p. 256.
2. *Ibid.*, p. 257.
3. *Ibid.*, p. 258.

des normes à laquelle on a assisté depuis l'époque où Vance Packard a formulé son analyse. Dans l'alimentation, par exemple, pour un label qui sauve une production traditionnelle locale, grâce en particulier au mouvement *slow food*, on trouve vingt normes du *codex alimentarius*, concoctées par les lobbies de l'*agrobusiness*, qui étranglent les petits producteurs, sans parler du gâchis engendré, comme on l'a vu, par le jeu des dates de péremption.

L'instauration d'une durée fixe de garantie comme moyen de protection du consommateur contre l'obsolescence programmée s'est considérablement répandue, mais il s'agit d'une arme à double tranchant. L'idéal pour le producteur reste celui que l'on a rencontré à propos des voitures : que l'objet tombe en panne juste à l'expiration du délai de garantie. Une sorte de guérilla s'ouvre alors entre producteur et consommateur, avec la possibilité pour ce dernier de souscrire une assurance complémentaire payante afin de prolonger la garantie. Ainsi, fort d'une expérience précédente où j'avais vu mourir le disque dur de mon ordinateur, j'ai souscrit à grands frais une garantie complémentaire de trois ans pour le nouveau, avec lequel j'achève la rédaction de ce livre. Bien m'en a pris, puisqu'à trois mois de l'expiration du délai, au beau milieu de mon travail, l'écran est devenu irrémédiablement noir d'un seul coup. Cette fois, c'est la carte mère qui avait rendu l'âme…

Au détour d'un paragraphe, Vance Packard, sans doute conscient de la dimension un peu cosmétique des remèdes qu'il propose, soulève la question de l'insurrection. « On se dirige doucement vers la réponse à la question fondamentale de toute la publicité : comment peut-on arriver à doter le client du réflexe de Pavlov et lui donner l'habitude d'acheter une marque précise ? » se demande un journaliste de *Printer's Ink* le 29 janvier 1960. Vance Packard commente : « Si telle est vraiment la "question fondamentale", le client n'a plus qu'à monter sur les barricades[1] ! » En tout cas, remettre en cause la société de croissance et s'attaquer à la logique de l'ensemble production-consommation nous apparaît, aujourd'hui, comme une nécessité.

II. L'OBSOLESCENCE ET LA CRISE ÉCOLOGIQUE

L'obsolescence programmée touche à l'écologie dans ses deux volets principaux, le gaspillage des ressources naturelles et le débordement des poubelles. En accélérant la production et la consommation d'équipements, d'appareils ménagers et de biens d'usage de toute nature, on épuise plus rapidement les stocks de minerais non renouvelables de manière directe et, de manière indirecte, on accroît la consommation d'énergie sans nécessité. « Alors, écrit Vance Packard, se dresse un nouveau spectre, si troublant celui-là que

1. *Ibid.*, p. 244.

les Américains ont jusqu'à présent choisi de l'ignorer : le déclin des ressources naturelles. [...] Notre génération verra probablement les Américains creuser des galeries de mines dans les anciens tas d'ordures pour y récupérer les vieilles boîtes de conserve rouillées[1]. » Si ce n'est pas encore vrai aux États-Unis, ça l'est en Afrique...

Pour Giles Slade encore, comme pour Vance Packard, les États-Uniens ont tendance à envisager cette crise des ressources naturelles avec une parfaite sérénité. Incorrigibles optimistes, ils savent, et on le leur rappelle souvent, que la technique moderne leur prépare un nouvel âge d'or. L'atome va résoudre tous leurs problèmes. Les chimistes inventeront des substances magiques pour remplacer celles qui s'épuisent. Les techniciens fabriqueront des machines permettant d'extraire le cuivre de filons de plus en plus pauvres dans des conditions très rentables[2]. Slade lui-même, en bon Nord-Américain, pense que la corne d'abondance continuera à déverser des produits de consommation, mais il précise que cela ne se fera pas sans effort, sans augmentation de prix, sans pénurie et sans de nouvelles atteintes contre la dignité humaine[3]. D'ores et déjà, en Afrique en particulier, on assiste à des guerres pour le contrôle des mines de métaux

1. *Ibid.*, p. 16.
2. V.P., p. 202.
3. *Ibid.*, p. 203.

rares – par exemple, au Congo, le coltan nécessaire à la fabrication des téléphones portables. L'exploitation des « terres rares » de l'est de la Chine justifie la répression des populations locales turcophones, de même que celle du pétrole dans le delta du Niger légitime le massacre des Ogonis. Qui prend vraiment conscience de l'ampleur du phénomène et de ses conséquences sur nos sociétés du Nord ? C'est l'existence même de l'État de droit qui est en question, avec la menace d'un glissement plus ou moins rapide vers des formes d'écofascisme et d'écototalitarisme.

Par ailleurs, le gaspillage effréné de produits et la consommation accélérée entraînent un accroissement proportionnel des déchets, dont on ne sait plus que faire. Le cas des ordures à Naples a défrayé la chronique, mais tous les pays sont confrontés au problème des décharges pharaoniques. Les incinérateurs, coûteux et, dans le meilleur des cas, encore trop polluants, représentent une solution absurde, puisqu'ils détruisent des produits qui constituent des ressources potentielles précieuses et que leur rendement énergétique est très faible. Quant aux appareils électroniques, ils sont un véritable casse-tête. Les téléphones portables, mis à la poubelle en moyenne après dix-huit mois d'utilisation, créent des montagnes de déchets qui contiennent de fortes concentrations de toxines biologiques permanentes comme l'arsenic, l'antimoine, le béryllium, le cadmium, le plomb, le nickel et le zinc. Brûler ces déchets, c'est rejeter dans l'atmosphère de la dioxine, des furanes et d'autres polluants. Or, en 2002, plus de 130 millions de téléphones portables en état de marche ont été mis au rebut aux États-Unis. Et les choses ne sont pas près de s'inverser puisque, bientôt, avoir un seul portable paraîtra aussi incompréhensible à la majorité des gens qu'avoir une seule paire de chaussures [1].

De tels comportements rendent le terme « obsolescence » lui-même obsolète. Face à un problème de stockage des déchets électroniques insurmontable et qu'aucun programme d'aménagement à long terme ne sera capable de résoudre, nous sommes au bord du gouffre. Le monde, selon Giles Slade, ne peut tout simplement pas produire assez de containers pour permettre aux États-Unis de continuer au rythme actuel à exporter à la fois du matériel électronique et des déchets électroniques [2]. Les quantités en jeu dépassent aussi les capacités des navires et les possibilités des décharges illégales. Slade confirme par ailleurs la responsabilité de l'industrie des portables dans le chaos qui règne en Afrique de l'Ouest. Il conviendrait d'utiliser de façon parcimonieuse les métaux précieux et rares qui lui sont nécessaires et de les récupérer systématiquement, plutôt que de les restituer à l'Afrique de façon honteuse. Une des séquences marquantes de *Prêt à jeter* montre ainsi une décharge sauvage au

1. *Ibid.*, p. 264.
2. *Ibid.*, p. 3.

Ghana (la même chose existe au Nigeria), où des ordinateurs hors d'usage sont cachés dans des containers derrière un petit nombre d'ordinateurs d'occasion dont l'exportation est légale. Les enfants fouillent les détritus pour récupérer quelques morceaux de métal et, ce faisant, absorbent les fumées toxiques des carcasses en train de brûler.

Selon Vance Packard, lorsque la crise – inévitable – des ressources éclatera, «les fermiers commenceront à regretter amèrement les chevaux qu'ils ont vendus pour en faire de la nourriture pour chiens lorsqu'ils ont acheté des tracteurs[1]». Et il cite la conclusion troublante qu'en tire Harrison Brown : «La société de demain nécessitera une telle organisation sociale qu'elle tendra de plus en plus vers l'étatisation au détriment des libertés individuelles[2].» C'est bien notre avis. Le glissement vers la domination d'un Big Brother encore moins fraternel que celui du *1984* de George Orwell est déjà amorcé, et, si nous ne changeons pas très vite de voie, il se poursuivra de façon inéluctable.

La solution proposée par Packard et Slade n'est pas à la hauteur du défi. Elle s'apparente à ce qu'on appelle aujourd'hui le développement durable : équilibrer ressources et population sans remettre en question la société de croissance. Pour les équipements, on

1. V.P., p. 204.
2. *Ibid.*, p. 206.

peut par exemple, selon Packard, favoriser la location plutôt que l'achat, comme cela a été expérimenté dans un certain nombre de villes : « Louer les voitures, les meubles et l'équipement ménager, avec entretien garanti dans le contrat, coûtera probablement plus cher et frustrera le consommateur de sa vanité de propriétaire. Mais un tel comportement portera un coup sévère à la politique actuelle de la durée limitée. Le producteur deviendra brusquement soucieux de prolonger la vie de ses articles, d'en simplifier les formes pour en faciliter la réparation et d'adopter un style qui ne se démode pas trop rapidement [1]. » Cette politique a été encouragée en Allemagne sous la pression des écologistes. Depuis 1990, la firme Xerox – spécialisée dans les photocopieuses, qui sont en général louées – a mis au point un programme grâce auquel ses produits sont pensés comme un assemblage d'éléments qui peuvent être recyclés en fin d'usage. Lorsque les appareils sont restitués à Xerox, la société se charge de réutiliser une grande partie des matériaux qui les composent [2]. L'écoconception des produits est certainement une piste intéressante. Il faut encourager les produits conçus pour pouvoir être démontés, réparés et réutilisés ou recyclés. Il existe d'ores et déjà quelques expériences allant dans ce sens. L'entreprise suisse Rohner et DesignTex produit un tissu pour la tapisserie qui se

1. *Ibid.*, p. 266.
2. Piero Bevilacqua, *La terra è finita, op. cit.*

décompose de manière naturelle à la fin de son cycle de vie. D'autres entreprises ont créé des moquettes qui, une fois usées, peuvent être utilisées comme paillis dans les jardins parce que composées de matière organique. Le géant allemand de l'industrie chimique BASF a mis au point un tissu en fibre de nylon indéfiniment recyclable. Il peut, après usage du produit auquel il a donné vie, être décomposé en ses éléments essentiels à des fins de réutilisation dans de nouveaux produits. Dans le film de Cosima Dannoritzer, le professeur Michael Braungart, chimiste renommé et théoricien de l'écologie industrielle, plaide en faveur de telles solutions. Pour lui, il ne s'agit pas tant de restreindre notre consommation et de réduire nos déchets, comme le préconisent les objecteurs de croissance, mais d'inscrire la production et la consommation dans un cycle vertueux à l'instar des cycles naturels, autrement dit d'inventer une *économie circulaire*. La nature, en effet, ne produit pas de déchets ; elle recycle tout. Et pourtant elle ne pratique pas la frugalité ! Il faut systématiser l'écoconception des produits, n'introduire dans le procès de fabrication que des éléments recyclables, biodégradables et non toxiques. C'est le triomphe de la chimie verte, du bioplastique fait avec de la fécule de pomme de terre, etc. Surtout, les rejets d'une entreprise doivent pouvoir constituer les « nutriments » d'une autre [1].

1. William McDonough et Michael Braungart, *Cradle to Cradle. Créer et recycler à l'infini*, Paris, Éditions Alternatives, 2011.

Cette démarche repose sur l'étude du métabolisme industriel des systèmes socio-économiques. Elle permet d'assigner aux entreprises quatre objectifs réalisables grâce à l'ingénierie écologique : 1° optimisation de l'usage de l'énergie et des matières premières (écoefficience au sens strict) ; 2° minimisation des émissions de polluants et recyclage des flux qui circulent à l'intérieur des systèmes productifs (écoefficience élargie) ; 3° dématérialisation des activités économiques ; 4° réduction de la dépendance vis-à-vis des sources énergétiques non renouvelables, en particulier des énergies fossiles, pour lutter contre le changement climatique.

L'exemple généralement avancé est celui de la zone industrielle de Kalundborg, au Danemark, qui constitue selon ses partisans un « écosystème industriel modèle ». À l'image de ce qui se passe dans les écosystèmes naturels, où des décomposeurs se nourrissent des déchets et des dépouilles des autres espèces, les sous-produits et les déchets des entreprises servent de matière première pour la production d'autres firmes [1]. Une raffinerie utilise la chaleur perdue d'une centrale thermique et revend le soufre extrait du pétrole à une usine chimique. Elle fournit aussi du sulfate de calcium à un producteur de plaques murales, tandis que la vapeur excédentaire de la centrale chauffe

1. Franck-Dominique Vivien, *Le Développement soutenable*, Paris, La Découverte, coll. « Repères », 2005, p. 77.

l'eau d'une société aquacole et les serres des habitations. Le résultat est une économie de ressources et une réduction importante des déchets ultimes. Tout cela, bien sûr, en respectant le plus possible la loi du marché.

Mais si des stratégies de ce type peuvent parfois être mises en œuvre spontanément par les entreprises, cette *success story* est-elle généralisable ? L'économie d'accumulation fondée sur la prédation, le gaspillage consumériste et la production massive de déchets va-t-elle se convertir en une vertueuse économie circulaire ? En tout cas, parler de « main invisible verte » est certainement très abusif. C'est grâce à des politiques publiques que l'on peut enregistrer des résultats encourageants dans le domaine de la lutte contre les pollutions. Sans un minimum d'incitations, fiscales ou autres, les évolutions positives restent plus que marginales. De la part des entreprises, la revendication d'une attitude autorégulatrice pour résoudre la question environnementale a surtout pour but d'éviter que ne leur soient imposées des contraintes en raison de leur responsabilité dans la destruction de l'écosystème planétaire[1]. Si la responsabilité sociale d'entreprise

1. « Les rares "victoires" obtenues sur le front de la crise du vivant, souligne justement Jean-Paul Besset, l'ont été grâce à des choix politiques déterminés, accompagnés de mesures "coercitives", du type interdiction des CFC [chlorofluorocarbones] dans les aérosols et la chaîne du froid ou mise en place de normes obligatoires dans l'industrie pour éviter les pluies acides. La

humanisait le capitalisme et le rendait écocompatible, depuis trois siècles que nous vivons sous son règne, ça se saurait !

Croire que l'on parviendra à établir une compatibilité entre le système industriel productiviste et les équilibres naturels en se reposant seulement sur les innovations technologiques ou en recourant à de simples correctifs des investissements, sans effort, sans douleur et, de surcroît, en s'enrichissant, est un mythe. Un mythe que ne partagent pas les objecteurs de croissance [1].

dégradation de la qualité de l'air dans les agglomérations européennes n'est contenue que depuis que l'Union européenne a fixé des normes obligeant les constructeurs automobiles à s'adapter. » Jean-Paul Besset, *Comment ne plus être progressiste… sans devenir réactionnaire*, *op. cit.*, p. 196.

1. *Ibid.*, p. 197

Conclusion

La révolution de la décroissance

Dès les débuts de la révolution industrielle apparaissent les germes de la dénonciation de ce que sera l'obsolescence programmée, en particulier chez les socialistes dits utopiques. C'est que l'obsolescence programmée traduit une incroyable méconnaissance des dons de la nature et un scandaleux mépris du travail humain. Toutefois, comme nous l'avons vu, ce n'est que dans les années 1960, avec Lewis Mumford, John Kenneth Galbraith et Vance Packard, que démarre une offensive de grande ampleur fondée sur une analyse critique du phénomène, devenu entre-temps massif avec le modèle fordiste de production à la chaîne et l'émergence de la société de consommation.

La construction d'une société de décroissance, nécessaire si nous voulons que l'humanité ait un avenir, implique un changement radical de nos manières de produire, de consommer et surtout de penser. En particulier, nous devons substituer à l'obsolescence systématique la durabilité, la *réparabilité* et le recyclage programmés des produits afin de réduire notre empreinte écologique et de revenir à un niveau soutenable de prélèvement des ressources naturelles. Il convient donc de penser la transition vers une prospérité sans croissance et une société d'abondance frugale, avec un plan de *descente productive* sur le modèle de la descente énergétique du manuel des villes en transition[1]. Le mouvement des villes en transition (*transition towns*), qui est né en Irlande (à Kinsale, près de Cork) et s'épanouit en Angleterre (à Totnes), est peut-être la forme de construction par le bas qui se rapproche le plus d'une société de décroissance. Ces villes, selon la charte du réseau, visent d'abord l'autosuffisance énergétique, en prévision de la fin des énergies fossiles, et plus généralement la *résilience*[2].

Il importe donc d'organiser la durabilité des biens, leur réparation et leur écoconception, selon un

1. Rob Hopkins, *The Transition Handbook. From Oil Dependency to Local Resilience*, Green Books, 2008 (trad. fr. *Manuel de transition. De la dépendance au pétrole à la résilience locale*, Québec, Silence/Écosociété, 2010). Voir aussi Christian Araud, *Prélude à la transition. Pourquoi changer le monde ?*, Sang de la terre, Paris, 2012.

2. Ce concept, emprunté à la physique en passant par l'écologie scientifique, peut être défini comme la permanence qualitative du réseau d'interactions d'un écosystème, ou, plus généralement, comme la capacité d'un système à absorber les perturbations et à se réorganiser en conservant essentiellement ses fonctions, sa structure, son identité et ses rétroactions.

échéancier réaliste et volontariste, si possible sans réduire le bien-être. En février 1972, dans sa lettre à Franco-Maria Malfatti, Président de la commission européenne, Sicco Mansholt, alors Vice-Président de la dite commission, préconisait déjà « la prolongation de la durée de vie de tous les biens d'équipement ». Malheureusement, dans les quarante années qui ont suivi, non seulement les choses ne se sont pas améliorées sur ce plan, mais elles se sont considérablement aggravées. Bientôt, nous n'aurons plus le choix : nous devrons réduire notre empreinte écologique et organiser le rationnement dans le prélèvement des ressources non renouvelables. On pourrait imaginer, à rebours de la prime à la casse, un bonus pour ceux qui conservent leurs équipements le plus longtemps.

Cependant, si la décroissance passe certainement par une réduction de l'usage d'équipements énergivores, elle n'implique pas pour autant un retour à la bougie et un renoncement ascétique, comme l'affirment nos adversaires. Boycotter les produits destructeurs de l'environnement, pratiquer un *technojeûne*, ainsi que le préconisait Ivan Illich (et avant lui le Mahatma Gandhi), ne signifie pas refuser une certaine aisance ni être technophobe. Une longue tradition philosophique encourage une forme de limitation des besoins pour trouver le bonheur. Selon Épicure, « l'homme qui n'est pas content de peu n'est content de rien». Et son disciple, Lucrèce, développe cette idée : «Mais si tu désires toujours ce que tu n'as pas, tu méprises ce que tu as, ta vie s'est donc écoulée sans plénitude et sans charme ; et puis soudain la mort s'est dressée debout à ton chevet avant que tu puisses te sentir prêt à partir content et rassasié. » Le mythe du supplice des Danaïdes, ces jeunes filles condamnées, pour avoir tué leurs époux pendant la nuit de noces, à remplir un tonneau sans fond dans le Tartare, illustre bien cette insatiabilité. La quête infinie aboutit, selon Hans Jonas, à l'« échec infini ».

Dans ces choix de frugalité et d'autolimitation, ni masochisme, ni esprit sacrificiel, mais la volonté de préserver un minimum d'autonomie, en refusant le formatage consumériste et le diktat conjoint de la technoscience et du marché. La restriction nécessaire de notre consommation et de la production, l'arrêt de l'exploitation excessive de la nature et du travail par le capital ne signifient pas non plus un « retour » à une vie de privation et de labeur. Cela signifie au contraire – si l'on est capable de renoncer à un excès de confort matériel – une libération de la créativité, un renouveau de la convivialité, et la possibilité de mener une vie digne[1]. Préférer les outils conviviaux aux machines qui accroissent l'hétéronomie (dont la dépendance à l'égard de sources d'énergie en voie d'épuisement)

1. Commentaire de Camille Madelain, *Les Nouveaux Cahiers de l'IUED*, n° 14, p. 242.

n'implique pas le refus d'un minimum de bien-être. Ainsi, la machine à laver est l'exemple emblématique de ce à quoi nous ne voulons pas renoncer, comme le soulignent régulièrement des intervenantes aux débats sur la décroissance. « Sur le plateau de la balance riche et contrasté des avantages [du progrès technique], note aussi Marino Ruzzenenti, mettons le bien de consommation durable le plus révolutionnaire peut-être des coutumes traditionnelles, plus encore que l'automobile : la machine à laver, qui a permis l'émancipation des femmes (du peuple) de la contrainte quotidienne de laver le linge à la main, leur laissant, finalement, le temps de repenser à leur propre situation [1]. » Certes, des écologistes bricoleurs ont mis au point une machine à laver à pédales couplant un tambour rotatif et une bicyclette [2]. Si ce dispositif peut sans doute rendre de grands services dans les zones dépourvues d'électricité ou constituer une solution de secours en cas de diète énergétique drastique imposée, la machine à laver le linge a encore de beaux jours devant elle. Plus – en tout cas il faut l'espérer – que le quad, l'aspirateur à crottes de chien ou le propulseur de feuilles mortes...

La machine à laver, en tant que bien matériel durable destiné à la consommation des ménages, est

1. Marino Ruzzenenti, *L'autarchia verde, op. cit.*, p. 281.

2. Voir sur le site de la revue *Passerelle Éco* : http://www.passerelleco.info/article.php?id_article=489.

un bon point de départ pour réfléchir aux façons de lutter contre l'obsolescence programmée et construire la transition vers une société d'abondance frugale. Il faut commencer par s'interroger sur son mode d'utilisation. L'essentiel de l'équipement est constitué par les lave-linge électriques individuels que l'on installe dans sa salle de bains et qu'il faut renouveler tous les trois ans en moyenne. Le succès de ce type d'usage, dans les pays latins en particulier, est peut-être dû au fait que, comme chacun sait, il faut laver son linge sale en famille. Pourtant, un autre système est possible. Dans les pays protestants ayant une longue tradition social-démocrate, comme la Suède, on trouve depuis longtemps des machines à usage communautaire. Elles sont le plus souvent situées dans les sous-sols des immeubles et leur utilisation est régie par le règlement de copropriété, sous la surveillance d'un gardien. Cette solution, de loin plus écologique que la machine individuelle, est tout naturellement celle qui est retenue dans les écoquartiers ainsi que dans les plans de descente énergétique des villes en transition.

D'une manière générale, l'usage partagé des biens durables est un moyen efficace, pour l'objecteur de croissance, de travailler à mettre en œuvre ses idées. Non seulement le partage permet une plus grande résilience dans la vie courante matérielle des membres de la communauté, mais il contribue à développer les liens interpersonnels essentiels pour affronter collectivement les défis à venir. En attendant de réussir à imposer l'écoconception du produit, l'usage communautaire permet de faire un choix mieux informé sur la qualité, le prix, voire la dimension éthique du produit (le fait de savoir s'il a été fabriqué dans des conditions humaines correctes ou non). Il y a des chances pour que, au sein d'un collectif, on trouve des compétences pour résoudre les dysfonctionnements et des bricoleurs pour réparer les pannes, voire redonner vie à l'objet au-delà du programme prévu par le fabricant.

Un troisième point important en amont concerne la gestion économe des ressources non renouvelables. L'industrie doit bannir progressivement, mais impérativement, l'obsolescence incorporée dans la fabrication des produits et fournir des biens durables et réparables dont on puisse facilement récupérer les composants. La croissance des coûts des matières premières dans les années à venir devrait accentuer la pression pour emprunter cette voie. À la suite de Joseph Stiglitz, Gilbert Rist propose de confier la gestion des « communaux planétaires » – c'est-à-dire de ces ressources naturelles non renouvelables – à une autorité mondiale [1]. Cela paraît aujourd'hui totalement utopique, mais il faudra sans doute y venir. Et le plus tôt sera le mieux. En attendant, il ne serait pas stupide d'instaurer un système de quotas comparable à celui mis en place pour la pêche, en se donnant

1. Gilbert Rist, *L'Économie ordinaire entre songes et mensonges*, Paris, Presses de Sciences Po, 2010. p. 212.

les moyens pour que cela fonctionne mieux. Cette solution cadrerait parfaitement avec la vision de la décroissance.

Cependant, note fort judicieusement Piero Bevilacqua, toutes ces options impliquent un changement d'attitude envers la nature. «La pédagogie domestique consistant à considérer les déchets dans leur diversité et leur importance impose une vision holiste sur la vie des produits, et arrache de l'oubli et de l'invisibilité leur lien originaire avec les minerais, le bois, avec la terre, avec les fleuves et avec les mers, avec les animaux, et en un mot avec l'ensemble vivant de la nature [1].»

Le point clef de la révolution de la décroissance est la décolonisation de l'imaginaire : sortir l'impérialisme de l'économie de nos esprits, mais aussi réenchanter le monde. Nous appelons de nos vœux une nouvelle anthropo-cosmologie. Si les choses ne sont que des choses, leur obsolescence ne nous touche pas vraiment. Si, comme le pensent les animistes et les poètes, les objets inanimés ont une âme «qui s'attache à notre âme et la force d'aimer [2]», il en va tout autrement. Sans être nécessairement superstitieux, nos parents s'attachaient aux objets familiers. Certains

1. Piero Bevilacqua, *Il grande saccheggio*, Rome, Laterza, 2011, p. 198-201.

2. Alphonse de Lamartine dans le poème «Milly ou la terre natale».

conservaient avec piété des vêtements de qualité qu'ils portaient fièrement jusqu'à usure complète. D'autres s'attachaient à des meubles qui avaient traversé plusieurs générations. Ces objets-là, qu'on a vus chez nos parents ou nos grands-parents, nous parlent encore d'eux. Mais il y a aussi des amoureux des très vieilles automobiles ou des premiers réfrigérateurs, qui les bichonnent, les entretiennent et les utilisent encore, avec une profonde reconnaissance pour certaines de leurs qualités techniques, à leurs yeux restées inégalées. Il serait plus difficile de trouver de tels comportements dans les nouvelles générations, ne serait-ce que pour des raisons pratiques : comment loger l'armoire normande de grand-maman dans un petit studio parisien ? Qui dispose d'un garage ou d'un hangar pour remiser la vieille traction avant 15 CV Citroën de l'arrière-grand-père ? Toutefois, la raison principale de cette attitude réside dans le fait que l'idéologie du jetable a colonisé les esprits. Par simplicité apparente, par mode, puis par réflexe ou par paresse, on achète sans véritable désir ni nécessité, et on rejette sans regret. De plus, comment s'attacher à des objets dont l'arrêt de mort est déjà signé au moment où on entre en leur possession ? Ainsi, l'une des machines les plus merveilleuses inventées par notre époque est certainement l'ordinateur personnel. Comme il serait facile et tentant d'entretenir un lien affectif fort avec ce partenaire de toute création intellectuelle, ce compagnon fidèle de la vie quotidienne! Hélas! Dans six mois, il sera déjà surclassé par un nouveau modèle plus performant, et, dans trois ans, il devra rejoindre à la décharge des millions de congénères.

Le détachement par rapport aux objets que l'on observe chez beaucoup de nos contemporains n'est malheureusement pas celui du sage, celui du moine bouddhiste zen qui médite sur l'impermanence des choses mais est pénétré de respect à l'égard de toute créature. Il n'est pas le résultat d'une maîtrise de son propre désir, bien au contraire, puisque la publicité exacerbe ce désir et nous rend toujours avides de posséder le dernier gadget éphémère. Ce détachement, c'est plutôt l'indifférence du blasé, de l'enfant gâté et capricieux qui veut tout, tout de suite, et ne s'attache à rien au-delà de l'excitation instantanée et de la jouissance fugace.

Je me souviens encore du jour où j'ai trouvé ma première orange dans mon soulier le soir de Noël, au sortir de la guerre, et de mon cri d'extase devant cette pomme d'or du jardin des Hespérides. Je me souviens aussi, quelques années plus tard, des cubes de glace qu'un voisin fortuné disposant d'un réfrigérateur nous apportait les soirs d'été et que nous croquions avec délice comme des friandises. Une fausse abondance marchande a détruit en nous la capacité de s'émerveiller devant les dons merveilleux de la nature (ou de l'ingéniosité humaine transformant ces dons). Retrouver cette faculté d'émerveillement, qui permet de développer une attitude de fidélité et de reconnaissance envers la Terre-mère, voire une certaine nostalgie, est la condition de réussite du projet de construction d'une société de décroissance sereine, pour échapper au destin funeste d'une obsolescence programmée de l'humanité.

Table

Composition atelier In Folio

Achevé d'imprimer en septembre 2012
par Normandie Roto Impression s.a.s. à Lonrai

Dépôt légal : octobre 2012